Liebe Schülerinnen und Schüler!

VORWORT

Mit dem vierten Band des *Cahier d'activités* wird der sprachliche Grundlehrgang abgeschlossen. Darüber hinaus **bereitet** dieser Band **auf die Oberstufe vor.** Er enthält aus diesem Grund eine **neue Rubrik** «Textes et activités» und ermöglicht im größeren Umfang als in Band 3 die **selbstständige Überprüfung** der erworbenen **Kenntnisse.**

- Die drei ***Leçons*** sind folgendermaßen gegliedert:
  - Übungen zu den Lernzielen der Lektion

  Drei Rubriken, die ihr am Ende der Lektion bearbeiten könnt:
  - eine Rubrik «*Textes et activités*» zur Vertiefung der Textarbeit,
  - eine Rubrik «*Auto-contrôle*» mit Lösungen am Ende des Heftes und
  - eine Rubrik «*Révision*» zur Wiederholung der wichtigsten und fehlerträchtigsten Grammatikkapitel der Lektion und der vorausgehenden Lernjahre.
    Den Abschluss des «*Révision*»-Teils bildet jeweils der Übungstyp «*contrôle combiné*[1]», in dem unterschiedliche grammatische und z. T. auch lexikalische Lerninhalte gemischt werden.
    Die «*Révision*»-Übungen könnt ihr ebenfalls mithilfe der Lösungen am Ende des Heftes selbst korrigieren.

- Die Übungen der drei ***Unités Mobiles*** sind ebenso wie die Lektionen gegliedert und setzen nur die Kenntnis der Lerninhalte der drei Lektionen voraus. Falls eine Übung nicht durch einen besonderen Vermerk gekennzeichnet ist, könnt ihr diese Übung nach Abschluss von Lektion 3 behandeln. Wenn eine Übung allerdings einen bestimmten Teil der *Unités Mobiles* im Schülerbuch oder Grammatischen Beiheft vertieft oder ergänzt, wird dies durch Querverweise klar ausgewiesen, z. B.
  - durch die Angabe von Paragraphen und Révisionsnummern im Grammatischen Beiheft — *§§, Rév.*
  - oder durch den Hinweis auf einen Text oder eine Übung im Schülerbuch. — *Relisez le texte aux pages 64 et 65 de votre livre...*

- Im ***Annexe*** gibt es:
  - je einen Kombi-Tandembogen für Lektion 1 und für Lektion 3,
  - eine Anleitung zum kreativen Umgang mit Gedichten, auf die ihr nach Abschluss von Lektion 3 zugreifen könnt und
  - eine Einführung in die Arbeit mit dem einsprachigen Wörterbuch, die ihr euch bereits zu Beginn des vierten Bandes zunutze machen könnt.

- Am Schluss dieses Heftes S. 69-72 findet ihr die Lösungen (les ***Solutions***)zu den Übungen aus den Rubriken «Auto-contrôle» und «Révision».

Zum Schluss die Zeichen, die im Heft auftauchen:

Diese Übung bzw. dieser Übungsteil wird im Hausheft gemacht.

Diese Übung wird auf der folgenden Seite fortgesetzt.

Der Text ist auf der Lehrerkassette bzw. auf der Lehrer-CD.

Der Text ist auf der Schülerkassette bzw. auf der Schüler-CD.

Dieses Symbol verweist auf einen Kombi-Tandembogen, mit dem ihr euch gegenseitig Fragen stellen und euch gegenseitig kontrollieren könnt.

< > Diese eckigen Klammern bedeuten, dass die Übung bzw. der Übungsteil fakultativ ist.

⚠ Hier wird kurz an einen grammatischen Sachverhalt erinnert.

1 **combiné** [kõbine] kombiniert

Travailler pendant les vacances?

A Les petits boulots

1 Meilleurs vœux[1]!

a Voici le texte d'une carte postale de deux Allemands à un ami français.
*Complétez le texte par **il y a, avant, depuis, d'après, dans, devant.***

> Cher Ahmed,
>
> 1. Un grand bonjour de la côte atlantique! Nous sommes près de Saint-Malo ________________ quinze jours.
>
> 2. En ce moment, nous sommes installés ________________ le sable chaud ________________ la maison de notre amie Lisa. 3. Le soleil s'est enfin mis à briller ________________ huit jours. 4. Et ________________ trois jours, nous avons même pu faire du surf et nous baigner pour la première fois. 5. ________________ notre départ pour la France, on nous avait dit que nous aurions mauvais temps. 6. Mais ________________ la radio, c'est chez vous à Marseille qu' ________________ des orages en ce moment!
>
> 7. ________________ cinq jours, nous serons à Berlin. 8. ________________ de rentrer chez nous, nous voulons visiter la capitale. Nous espérons que vous allez bien!
>
> Grosses bises,
>
> *Jessica et Markus*

b *Regardez la révision de vocabulaire de la page 96 de votre livre. Adressez[2] des bons vœux à des amis français et écrivez-leur une carte. Vous pouvez employer les expressions suivantes.*

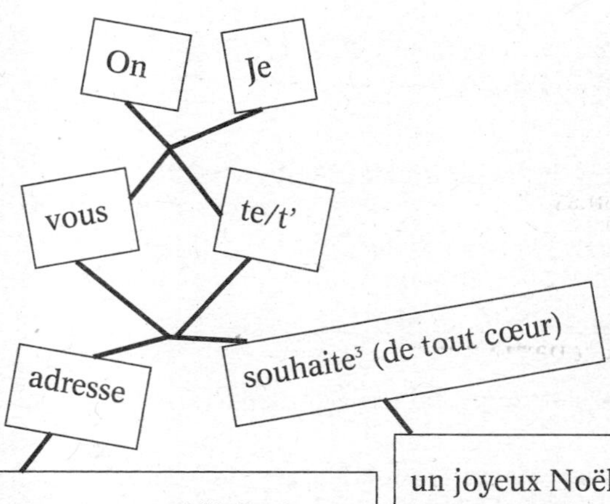

toutes nos/mes félicitations[4]!
nos/mes meilleurs vœux!

un joyeux Noël et une bonne et heureuse année…
un bon anniversaire!
bonne chance!
un bon rétablissement!

Ex. 1: 1 **un vœu, des vœux** [ɛ̃vø, devø] ein Wunsch, Wünsche – 2 **adresser qc à qn** [adrese] etw. an jdn. richten – 3 **souhaiter qc à qn** [swɛte] jdm. etw. wünschen – 4 **adresser ses félicitations** (*f.*) **à qn** [...felisitasjõ] jdm. (zu einem Erfolg) gratulieren

Les vacances sont-elles trop longues?

2 De quoi le monde du travail sera-t-il fait demain? *(§ 2)*

Des élèves ont posé des questions sur le monde du travail à un expert[1]. Ils avaient préparé ces questions par écrit et ont employé **l'interrogation complexe.** *Lisez les réponses de l'expert et retrouvez les questions des élèves. Les parties en italique vont vous aider. Ecrivez dans votre cahier.*

Exemple: L'expert: Oui, *les jeunes auront encore du travail,* mais il ne sera plus comme celui de leurs parents.
→ *Les élèves: Les jeunes auront-ils encore du travail?*

Voici les autres réponses de l'expert:

1. Un jeune doit s'attendre *à une situation difficile:* on ne sait pas quel diplôme permettra plus facilement de trouver un emploi.
2. Certains disent: le nombre d'emplois baisse[2] *parce que beaucoup d'emplois sont devenus trop chers en Europe.* D'autres pensent qu'il faut trouver des solutions vraiment nouvelles.
3. Les entreprises préféreront sûrement encore employer des gens *dans des pays où on paie le travail moins cher.*
4. Le monde du travail demande aux jeunes *des qualités comme la flexibilité*[3] *et la mobilité*[4] et ils devront aussi avoir une bonne qualification[5].
5. Mais *si, la façon de travailler changera sûrement.* Grâce à l'ordinateur, le «télétravail» se développera de plus en plus, c'est-à-dire le travail pour l'entreprise qu'on fait à la maison. Et puis on verra de moins en moins d'emplois pour toute la vie.
6. *Si, cela inquiète les jeunes,* mais leur courage leur donne toutes les chances de réussir.

D'après un dossier paru en décembre 1995 dans

3 Mme Charvet pose des questions *(§ 2)*

Dans une petite ville française, Marie, la fille du maire, a tout à coup quitté la maison de ses parents. Bien sûr, les nouvelles vont vite et bientôt, tout le monde en parle et se pose des questions.

a *Lisez les phrases suivantes. Transformez les interrogations indirectes en interrogations directes. Employez l'interrogation par intonation (I) et l'interrogation avec* est-ce que *(E). Ecrivez dans votre cahier.*

Exemple: Ils veulent savoir si Marie est partie pour longtemps. *(I)*
→ *Marie est partie pour longtemps?*

1. Ils se demandent si Marie avait des problèmes. *(I)*
2. Ils se demandent si quelqu'un a vu Marie depuis son départ. *(E)*
3. Ils aimeraient savoir quand Marie est partie exactement. *(E)*

b Puis, une journaliste arrive. Elle veut faire un article dans le journal et pose de nombreuses questions à la famille de Marie, à ceux qui la connaissent et à la police. Bien sûr, à ce moment-là, elle parle différemment. *Transformez dans les phrases 1–7 les interrogations indirectes en* ***interrogations complexes*** *ou en interrogations avec l'inversion du sujet quand l'interrogation complexe n'est pas possible. Ecrivez dans votre cahier.*

Exemple: Elle veut savoir si Marie est partie pour longtemps.
→ *Marie est-elle partie pour longtemps?*

4. Elle ne sait pas ce que pensent les parents de Marie de cette histoire.
5. Elle se demande ce qui s'est vraiment passé.
6. Elle veut savoir quelles affaires Marie a emportées.
7. Elle se demande chez qui Marie aurait pu aller.

Ex. 2: 1 **un expert** [ɛ̃nɛkspɛr] ein Experte – 2 **baisser** *hier:* zurückgehen – 3 **la flexibilité** [laflɛksibilite] die Flexibilität
4 **la mobilité** [lamɔbilite] die Mobilität – 5 **une qualification** [ynkalifikasjɔ̃] eine Qualifikation

D Permis de Vacances

4 Les mauvais garçons (§ 3)

ni… ni… ne	**ne… ni… ni**
personne ne	**ne…personne**
rien ne	**ne… rien**

Minuit. Le propriétaire du bar «Au chien bizarre», qui vient de rentrer, appelle la police: il a retrouvé le garçon et son chien enfermés dans la cave. En plus, on a essayé de voler l'ordinateur du bar. La police interroge bientôt Franck, une «vieille connaissance» que le garçon accuse.

L'inspecteur demande:

Qu'est-ce que tu fais dans ce quartier?

1. Tu attends quelqu'un?
2. Qui travaille avec toi?
3. Gilles ou Martin étaient au «Chien bizarre», ce soir?
4. Est-ce que quelque chose t'inquiète?
5. Tu as vu quelque chose?
6. Tu t'intéresses aux ordinateurs ou à l'Internet[1]?

a *Dans votre cahier, répondez à la place de Franck en employant les négations à la forme courte.*

Exemple: Qu'est-ce que tu fais dans ce quartier?

→ *Rien.*

b *Dans votre cahier, répondez à la place de Franck en employant les négations à la forme longue.*

Exemple: Qu'est-ce que tu fais dans ce quartier?

→ *Je ne fais rien.*

5 Seuls à la maison (§ 3)

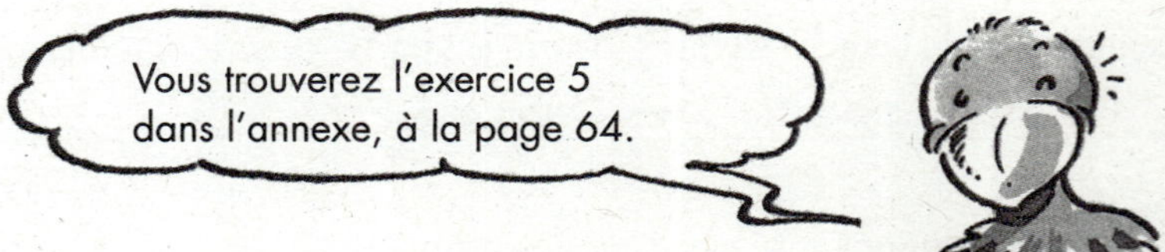

6 Une nouvelle importante (§§ 1, 6)

a *Complétez les phrases avec les verbes **interrompre** ou **suffire.** Attention au temps et au mode!*

La directrice de l'agence de pub: 1. Bon, maintenant, je dois préparer un dossier et je désire que personne ne m'________ (interrompre) dans mon travail, c'est d'accord, Benoît?

Benoît Dutrilleux[1], le secrétaire: 2. Bien, madame, personne ne vous ________ (interrompre), c'est noté.

La directrice: 3. Quelques heures ________ (suffire) sûrement pour commencer. 4. Ensuite, j'________ (interrompre) mon travail pour recevoir M. Huber. 5. Apportez-nous alors du thé et des sucreries, ça ________ (suffire), je pense. Ah, ce cher M. Huber!

Ex. 4: 1 **l'Internet** [lɛ̃tɛrnɛt] das Internet
Ex. 6: 1 **Dutrilleux** [dytrijø] *Eigenname*

Comme beaucoup d'étrangers, il pense que nous les Français ne savons pas discuter : 6. Il dit que nous ______ (interrompre) toujours ceux qui ont la parole et qu'il nous ______ (suffire) de parler avec passion pour nous sentir compétents! Il exagère sûrement! 7. D'ailleurs, je trouve que la passion ______ (interrompre) la monotonie[2] des grands discours! A plus tard, Benoît!

Un peu plus tard:

Une employée: Monsieur Dutrilleux, je crains qu'il faille déranger madame la directrice.

Le secrétaire: 8. Vous savez bien qu'elle n'aime pas qu'on ______ (interrompre) son rythme de travail.

9. Mais il ______ (suffire) peut-être de me parler de cette affaire…

L'employée: 10. Vous savez bien que je n' ______ (interrompre) pas madame la directrice s'il ______ (suffire) de parler de cette histoire à son secrétaire!

Et l'employée entre chez la directrice.

La directrice : 11. C'est vraiment terrible! Il ______ (suffire) que je commence à réfléchir à mes dossiers pour qu'on me dérange. Alors, que se passe-t-il?

L'employée: 12. Madame la directrice, je regrette de vous avoir ______ (interrompre) dans votre travail, mais il fallait que je vous parle d'urgence.

La directrice: Alors, qu'y a-t-il de si important?

b A votre avis, que veut l'employée? *Continuez le dialogue.*

7 Un ami de Jules raconte (§ 5)

a *Relisez le paragraphe 5 de votre grammaire. Traduisez ensuite les phrases en allemand. Ecrivez dans votre cahier.*

1. Jules sortait de la maison avec deux valises en regardant ses pieds pour mieux réfléchir à ce qu'il pouvait avoir oublié.
2. En me voyant, il s'est arrêté. Il m'a dit au revoir en ajoutant qu'il devait partir pour Londres pour son travail.
3. Je lui ai dit qu'en faisant les courses à Londres, il pourrait peut-être me ramener des sauces et du chocolat anglais.
4. Je voyais bien qu'en me parlant, il avait l'air un peu triste de devoir quitter sa femme et sa maison.

b *Transformez, si c'est possible, les expressions en italique en employant* **le gérondif.** *Attention à la place des pronoms et de la négation. Ecrivez dans votre cahier.*

Exemple: Pendant que je fermais ma voiture, je l'ai vu monter dans un taxi qui attendait dans la rue.

→ *En fermant ma voiture, je l'ai vu monter dans un taxi qui attendait dans la rue.*

1. *Quand je suis arrivé devant ma porte,* j'ai vu un grand sac vert devant l'appartement d'en face.
2. *Je l'ai vu et* j'ai compris.
3. Jules avait oublié son sac *de la façon suivante: il l'avait posé* pour fermer sa porte. Que faire?
4. *Si j'avais un peu de chance,* Jules serait encore à la gare du Nord.
5. *Et si je ne prenais pas ma voiture, mais plutôt mon vélo,* je pourrais peut-être lui apporter son sac malgré les bouchons.

Ex. 6: 2 **la monotonie** [lamɔnɔtɔni] die Eintönigkeit

c *Dans votre cahier, traduisez les phrases suivantes en français en employant* ***le gérondif*** *si c'est possible.*

1. Ich habe Jules' Frau gesagt, was ich machen würde, und bin hinuntergegangen.
2. Ich habe mir gesagt: Wenn ich mich ein wenig beeile, werde ich Jules vor seiner Abfahrt wiederfinden können.
3. Als ich abfuhr, fragte ich mich, was Jules machen würde, wenn er bemerken würde, dass er seine Tasche vergessen hatte.
4. Ich bin wie ein Verrückter gefahren und bin schnell am Bahnhof eingetroffen.
5. Als ich dort ankam, habe ich sofort den Bahnsteig gesucht, von dem aus (d'où) Jules' Zug abfahren sollte. Aber es war schon zu spät …
6. Ich habe mir gesagt: Wenn ich Jules' Frau nicht sofort anrufe, wird sie unruhig werden.
7. Während ich nach einem Telefon suchte, habe ich Jules getroffen: Er hat mir gesagt, dass er nicht hatte abfahren können, weil seine Fahrkarte in seiner grünen Tasche geblieben war, die er zu Hause gelassen hatte.

8 Textes et activités

Baliser[1] un texte (die Markierungstechnik)

a Pour résumer les idées d'un texte, il est utile de commencer par baliser ce texte. Pour un texte très court, il suffit de souligner[2] les expressions qui sont importantes (sans les articles, les subordonnées etc.).

Exemple:

Après toutes ces années où la Côte d'Azur[3] était Paris avec la mer en plus parce qu'on y rencontrait en été toutes les personnes importantes de la capitale et surtout les vedettes du film ou de la chanson, c'est maintenant la Bretagne qui reçoit le plus de touristes et il semble que les Français préfèrent aujourd'hui une mer verte, les tempêtes et les vacances en ciré[4].

Ce qui est souligné suffit déjà pour comprendre ce qui est important dans cette phrase, c'est-à-dire: →

Pendant des années, on rencontrait en été les personnes importantes de Paris sur la Côte d'Azur, mais aujourd'hui, les Français préfèrent la Bretagne.

Voici quelques règles très simples pour bien baliser un texte:

1. Lisez rapidement le texte.
2. Entourez ou encadrez les mots-clés[5].
3. Soulignez les expressions et les mots importants.
4. Mettez en évidence[6] les choses qui se ressemblent en les soulignant de la même couleur ou de la même façon.
5. Employez des symboles pour mettre en évidence les rapports entre les aspects importants du texte. Regardez les exemples à droite.

Exemples de symboles:

argument pour et argument contre	↔
Deux choses sont en rapport.	——
Cela mène à[7]...	→

Attention: Ne soulignez pas trop et ne soulignez jamais des phrases entières!

Ex. 8: 1 **baliser qc** [balize] etw. mit Markierungen versehen – 2 **souligner qc** [suliɲe] etw. unterstreichen
3 **la Côte d'Azur** [lakotdazyr] die franz. Riviera – 4 **les vacances en ciré** des vacances pendant lesquelles on doit souvent mettre son ciré [sire] (seine Öljacke, seine regenfeste Kleidung) parce qu'il pleut très souvent – 5 **un mot-clé** [...kle] ein Schlüsselwort – 6 **mettre qc en évidence** [...evidɑ̃s] etw. hervorheben – 7 **Cela mène à** [slamɛna] Das führt zu …

Exemple: On a demandé à un prof en France s'il pensait que le système d'enseignement allemand serait bien pour les Français. Voici sa réponse:

aspects positifs

Un horaire «allemand» à l'école en France? Pour l'instant, personne n'y pense sérieusement. Mais le sytème allemand n'a-t-il pas certains aspects positifs qui pourraient aussi convenir aux Français? Les après-midis consacrés au sport, au théâtre ou à d'autres activités culturelles intéresseraient sûrement les petits Français.

aspects négatifs

Mais cela ne serait-il pas trop cher et trop difficile à organiser? Il faudrait trouver des profs prêts à proposer des activités autres que celles qui correspondent à leurs matières. Il faudrait aussi que le sport joue un rôle plus important à l'école, en France. Dans les classes, il y a souvent trop d'élèves. Et puis ce n'est déjà pas facile de faire des emplois du temps qui fonctionnent bien, alors… D'un autre côté, les heures de 45 minutes me paraissent un peu courtes. Je ne sais pas si les profs français aimeraient faire leurs cours en si peu de temps. Bien sûr, il y a beaucoup de cours qui durent alors deux heures… Et puis, il y a en Allemagne beaucoup, peut-être quelquefois trop de cours le matin. Pour les élèves, ça doit être très fatigant! Je ne crois pas non plus que les profs et les élèves accepteraient d'avoir des vacances plus courtes! Enfin, je crois que tout ça est une question d'habitude»!

un célèbre café parisien

b Voici un article de journal. *Lisez-le et lisez les traductions des mots difficiles importants, puis balisez le texte. Ensuite, faites un résumé dans votre cahier.*

Le prix d'un café

Un touriste étranger qui arrive à Paris peut avoir des surprises bien désagréables. L'*arnaque* l'attend un peu partout dans les rues et dans les cafés. Il faut regarder la liste des prix avant de prendre un café. En voici quelques exemples:

arnaque *(f.)*: Betrügerei, Nepp

Pour un touriste étranger qui se trouve à Paris, le café français peut avoir un très mauvais *arrière-goût* à cause de son prix. Après le défilé militaire du 14 juillet, un Allemand a payé 180 francs pour un *expresso* et une bouteille d'eau minérale en terrasse, dans une rue à côté de l'avenue des Champs-Elysées. Après l'intervention de l'Office du tourisme, le propriétaire du café a fait un *rabais* de 20 francs! Quelques jours plus tard, dans le même café, deux Anglais ont payé 30 livres sterling (232 francs) pour deux cocas. Si le propriétaire écrit les prix correctement sur la carte, le client n'aura pourtant pas de *remboursement:* c'est ce qu'on appelle la liberté des prix!

arrière-goût *(m.)* : Nachgeschmack
expresso *(m.)* → Espresso
rabais *(m.)* → Rabatt

«Un touriste qui n'est pas content en *produit* dix autres», explique-t-on à l'Office du tourisme. Nous faisons attention à chaque *plainte* même à celles qui sont écrites dans une langue étrangère.» On ajoute que l'Office reçoit 150 lettres de réclamation par an, plus nombreuses l'été. On pourrait dire que ce n'est pas beaucoup par rapport aux vingt millions de touristes qui visitent *annuellement* la capitale.
Mais combien d'entre eux ne *protestent* pas?

produire → produzieren
plainte *(f.)* → se plaindre
annuellement → année
protester → protestieren

D'après un article paru le 18/08/1995

9 Auto-contrôle

solutions p. 69

9. 1 L'interrogation complexe *(§ 2)*

Depuis une semaine, les journaux attaquent le célèbre footballeur Charles Pépin[1] qui a eu un curieux accident. Un journaliste cherche une question dont il pourrait faire un bon titre pour son nouvel article. Pour cela, il reprend les questions auxquelles il veut répondre dans son article. *Voici ces questions. Dans votre cahier, donnez les titres correspondants. Employez l'interrogation complexe. Attention, ça ne marche pas toujours!*

Exemple: Quand est-ce que Pépin parlera?

→ *Quand Pépin parlera-t-il?*

1. Les joueurs de son équipe ne veulent rien dire. Pourquoi?
2. Sa femme n'a toujours pas donné d'informations à la presse. Pourquoi?
3. Est-ce que Pépin était vraiment tout seul dans sa voiture ce soir-là?
4. Pépin avait passé l'après-midi où avant son accident?
5. Est-ce que Pépin avait bu de l'alcool?
6. Que faisait Pépin ce soir-là à cet endroit-là ?
7. Est-ce que quelqu'un avait mis des comprimés dans la boisson de Pépin?
8. Est-ce que Pépin conduisait trop vite?
9. Quand est-ce que Pépin devra une nouvelle fois répondre aux questions de la police?
10. Est-ce qu'on va reprendre le permis de conduire de Pépin?

9. 2 «ni... ni... ne», «ne... ni... ni», «personne ne», «ne... personne», «rien ne» et «ne...rien» *(§ 3)*

Traduisez dans votre cahier:

1. Weder die Händlerin noch die Angestellten waren da, als zwei Kaninchen aus dem Schaufenster des Geschäftes verschwanden. Seit diesem Tag hat niemand die kleinen Tiere gesehen.
2. Niemand glaubt wirklich, dass Jean-Luc die Kaninchen gestohlen hat.
3. Nichts zeigt, dass er sie vielleicht gestohlen hat, aber es gibt böse Leute, die sagen, dass dieser Mann merkwürdig sei.
4. Weder seine Nachbarn noch die Händler aus dem Viertel wissen, wie er lebt.
5. Und man hat ihn niemals mit anderen Leuten [zusammen] gesehen, weder mit Verwandten (des parents) noch mit Freunden.
6. Aber vielleicht sind die kleinen Tiere ganz einfach aus dem Schaufenster hinausgelaufen (sortir); nichts hindert uns [daran], es zu denken!

9. 3 Le gérondif *(§ 5)*

la Sorbonne

Dans votre cahier, transformez les phrases et employez le gérondif si c'est possible.

Nathalie n'est pas contente de ses résultats à l'université. Elle réfléchit à la situation.

1. Papa et maman essayent de m'aider de la façon suivante: Ils m'ont acheté un ordinateur et me paient tous les livres dont j'ai besoin.
2. Si mes copains voulaient bien travailler avec moi, je verrais mieux ce que je n'ai pas bien compris.
3. D'une façon générale, il faut dire que si je travaillais plus, j'aurais sûrement des meilleurs résultats.
4. Je devrais peut-être aussi écouter moins la radio pendant que je lis des textes difficiles.
5. Mais quand il y a de la musique, je me sens plus détendue et donc je travaille mieux.

Ex. 9. 1: 1 **Pépin** [pepɛ̃] *Eigenname*

10 Révision solutions p. 69

10. 1 L'interrogation directe *(Rév. 12)*

a Il y a plusieurs façons de poser des questions. Comment peut-on dire encore:

Elle vient?

1. ____________________?
2. ____________________?

Mme Sorel vient?

3. ____________________?
4. ____________________?

Il vient quand?

5. ____________________?
6. ____________________?

M. Marceau vient quand?

7. ____________________?
8. ____________________?

b Comment pose-t-on des questions sur des **personnes**? *Complétez.*

1. ____________ (wer) commence? *oder* ____________ (wer) commence?
2. ____________ (wem) tu as aidé?
3. ____________ (von wem) est-ce qu'ils ont parlé? ____________ (mit wem) est-ce qu'ils ont parlé?

c Comment pose-t-on des questions sur des **choses**? *Complétez.*

1. ____________ (was) est arrivé?
2. ____________ (was) vous avez vu? *oder* ____________ (was haben Sie) vu?
3. ____________ (worüber) est-ce qu'ils ont parlé? *oder* ____________ (worüber haben sie) parlé?

d *Regardez les solutions à la page 69 et corrigez les parties* ***a, b,*** *et* ***c*** *de cet exercice. Traduisez ensuite les phrases suivantes dans votre cahier. Employez l'interrogation avec est-ce que, l'interrogation par inversion du sujet et* ***l'interrogation complexe.*** *Attention, ça ne marche pas toujours!*

1. Was ist passiert? 2. Wen hast du getroffen? 3. Mit wem geht sie? 4. Wer ist das? 5. Wer ist dieser Junge? 6. Was macht er? 7. Gefällt er dir? 8. Worüber habt ihr gesprochen? 9. Wem hast du deine CD geliehen? 10. Woran denkst du? 11. Was habt ihr gesehen?

10. 2 L'interrogation indirecte *(Rév. 7)*

a Voici des interrogations indirectes dans lesquelles on parle de **personnes**. *Complétez.*

1. Elle voudrait savoir ____________ (wer) pense comme elle. 2. Elle se demande ____________ (wem) elle peut croire.

3. Elle se demande aussi ____________ (mit wem) elle peut parler et ____________ (wem) elle peut tout raconter.

b Et voilà des interrogations indirectes dans lesquelles on parle de **choses.** *Complétez.*

1. Elle veut savoir ____________ (was) est juste. 2. Elle se demande ____________ (was) elle peut faire.

3. Elle se demande aussi ____________ (wogegen) il faut lutter et ____________ (wovor) on doit avoir peur.

c Bien sûr, il y a aussi d'autres interrogations indirectes.

Quand Patrick arrive au collège, ses copains lui demandent souvent: 1. Alors, Patrick, comment ça va? 2. Pourquoi est-ce qu'on ne t'a pas vu hier? 3. Où étais-tu ? 4. Tu viendras au cinéma avec nous? *Dans votre cahier, transformez ces questions en interrogations indirectes et dites ce que Patrick raconte. Commencez comme ça:* «Quand j'arrive, le matin, mes copains veulent souvent savoir…».

10. 3 Quelques verbes *(§§ 1, 6, Rév. 21)* *Complétez.*

pliez ici/hier knicken

solutions	Infintif / Présent	Imparfait	Passé composé	Futur	Subjonctif
genügen: ça suffit/ça suffisait/ ça a suffi/ça suffira/ que ça suffise	suffire / ça	ça	ça	ça	que ça
jdn. unterbrechen: interrompre qn/elle interrompt/ tu as interrompu/vous interrompez/que j'interrompe	/ elle	nous interrompions	tu	vous	que j'
jdm. etw. anbieten: offrir qc à qn/j'offre/ on offrait/vous avez offert/ tu offriras	/ j'	on	vous	tu	qu'ils offrent
etw. (be)fürchten: craindre qc /tu crains/ elle craignait/j'ai craint/ que nous craignions	/ tu	elle	je	ils craindront	que nous
lachen: rire/je ris/ vous riiez/elle rira/ que tu ries	/ je	vous	on a ri	elle	que tu

10. 4 La proposition conditionnelle *(Rév. 17)*

M. et Mme Fournier s'inquiètent pour Marcel. *Complétez les phrases.*

Mme Fournier: 1. Si tu ______ en ville, n'______ pas d'aller à la pharmacie.	*aller, oublier*
M. Fournier: 2. Si tu me ______ ce qu'il faut prendre, j'y ______, bien sûr. Oh! Ce pauvre Marcel!	*dire, passer*
Mme Fournier: 3. S'il ______ et ______ un peu,	*boire, manger*
je ______ quand même plus tranquille!	*être*
M. Fournier: 4. Si tu ______ de lui hier,	*s'occuper mieux*
il ______ dans ce lac si froid!	*ne jamais aller*

Mme Fournier: 5. Ecoute. Si tu ______________ une promenade avec lui, il ______________ le clown dans ce lac! Tu crois qu'il a de la fièvre? | *faire, ne pas faire*

M. Fournier: 6. Oh oui! D'ailleurs, si on l' ______________ dans une couverture, notre pauvre petit chien ne ______________ pas malade comme ça maintenant! | *mettre tout de suite, être*

10. 5 L'article, les expressions de la quantité *(Rév. 2)*

a *Complétez:*

	masculin			féminin
Sur la table, elle trouve:	du ______	gâteau		______ tarte
	______	**o**rangina	et	______ **eau** minérale.
Elle aime/adore	______	**o**rangina	et	______ **eau** minérale,
mais l'après-midi, elle préfère	______	thé	ou	______ tisane.
Elle déteste	______	café	et	______ limonade chaude.

b *Complétez avec les mots donnés et ajoutez une préposition si nécessaire.*

1. Nous ne sommes pas riches, nous avons ______________ argent, mais nous avons ______________ amis. 2. Une fois par semaine, nous nous rendons visite. Tout le monde apporte quelque chose: ______________ jus de fruits, un ______________ fruits, un ______________ bonbons, ______________ fromage... 3. Le seul problème, c'est que souvent, il n'y a pas ______________ place!

peu
assez
un peu
beaucoup
un paquet
un kilo
une bouteille

⟨**10. 6 Contrôle combiné:**
L'article déterminé, l'article partitif, les expressions de la quantité et la négation *(§ 3, Rév. 2)*⟩

Complétez.

1. Ce matin, au collège, ______________ intéresse Marc. 2. Alors, il pense à la fête qu'il donnera s'il réussit son examen pour avoir ______ permis de conduire pour la moto[1]. Ce devra être une fête dont on se souviendra longtemps! 3. Comme il recevra beaucoup ______ amis qui ont toujours ______ faim et ______ soif, il devra acheter au moins douze bouteilles ______ jus de fruits et dix bouteilles ______ eau minérale. 4. Pour que ______________ ait de problème, il ne proposera pas ______ alcool. 5. D'ailleurs il n'aime pas trop ______ alcool lui-même. 6. Il faudra aussi penser à préparer un buffet froid et

Ex. 10. 6: 1 **une moto** [ynmɔtɔ] ein Motorrad

à acheter assez ________ pain et ________ fromage. 7. Comme il n'y aura peut-être pas ________ chaises pour tout le monde, il ira chercher aussi quelques chaises chez les voisins. 8. Ses copains voudront sûrement danser et écouter ________ rock. 9. Le problème, c'est qu'il ________ a ________ cassettes ________ CD du groupe qu'il préfère. 10. Et ________ ses copains ________ son frère ________ connaissent ce groupe. 11. Ce ne sont pas ________ chanteurs connus, mais ils sont super! 12. Et puis, ________ peut préparer une fête sans argent. 13. Enfin, il verra. Il saura bien trouver un petit job pour gagner un peu ________ argent. 14. Il lui faudra surtout ________ chance pour réussir son permis. 15. Avant de partir, il prendra un peu ________ cette boisson qu'il a créée, il ________ aura bien besoin. 16. Comme il veut en garder la recette secrète, ses copains croient seulement savoir qu'il y a ________ lait d'ânesse, ________ œufs ________ feuilles de thé vert et ________ carotte dedans.

LEÇON 2 La famille et les amis

B Un matin après départ

1 Dans le métro *(§ 7, Rév. 18)*

A la radio, on a annoncé que dans beaucoup d'entreprises, les gens allaient faire grève[1]. Dans le métro, les passagers ne savent pas exactement ce qui se passe. Ils se demandent comment ils vont faire leurs courses ou aller à leur travail, ou s'ils pourront aller chercher leurs enfants etc. *Imaginez ce qu'ils disent et complétez les phrases. Ecrivez dans votre cahier.*

Exemple: Nous regrettons qu' *on n'ait pas trouvé d'autre solution que la grève.*

Ex. 1: 1 **une grève** [yngrɛv] ein Streik; **faire grève** streiken

C Les Années ado

2 Comment vont-ils réagir? *(§§ 7, 8)*

Subjonctif ou indicatif? *Imaginez la situation et ce que disent ces personnes à la jeune fille sur la photo. Complétez sur les lignes ou dans votre cahier.*

Nous craignons que *tes copains ne soient pas* Tes copains ne sont pas
des bons amis pour toi des bons amis pour toi!

1. Nous voudrions tout faire pour que ______ Tu dois être
______ heureuse!
2. Nous serons toujours là pour t'aider quoique ______ Ce n'est
______ pas toujours facile pour toi d'accepter notre aide.

3. Je ne veux pas que ______
______.
4. Je sais que tu penses que ______
______.
5. Mais moi, je ne trouve pas que
______
______.

6. Il vaudrait mieux que
______
______
______.
7. Souvent, les jeunes ne se sentent pas vraiment heureux quoique ______
______
______.
8. Il faut surtout les écouter bien que ______
______
______
______.

9. Il est important que ______
______.
10. Il vaut mieux que ______
______
______.
11. Je ne crois pas que
______
______
______
______
______.

3 «Ma fille de 24 ans est toujours à la maison: je n'aurais pas cru ça il y a dix ans!» *(§§ 7, 8)*

a Voici ce que dit un père, professeur de 58 ans, dans le journal «InfoMatin». ***Subjonctif, indicatif ou conditionnel?*** *Complétez.*

«1. Après que notre fille ______ (finir) ses études de biologie[1], nous pensions qu'elle ______ (quitter) bientôt la maison. 2. Nous aurions voulu qu'elle ______ (partir) et qu'elle ______ (aller) habiter avec des copines de son âge, mais elle n'a pas trouvé de travail. 3. Je ne crois pas que notre fille ______ (vivre) bien cette situation. 4. Pourtant, jusqu'à ce qu'elle ______ (pouvoir) être indépendante, elle doit rester avec nous. 5. C'est quand même triste qu'une jeune de 24 ans n'______ (avoir) pas la chance de trouver un emploi.

6. Mon fils a lui aussi vécu à la maison jusqu'à ce qu'il ______ (avoir) un emploi. Aujourd'hui, il est médecin.

7. Je suis content que son métier lui ______ (permettre) maintenant de gagner assez pour avoir un appartement.

8. Ma fille croyait toujours qu'elle ______ (trouver) assez vite un emploi.

9. Si elle ______ (étudier) autre chose, elle ______ (avoir) aujourd'hui peut-être plus de chances. 10. Quoiqu'elle ______ (écrire) des lettres à de nombreuses entreprises, elle reçoit toujours des réponses négatives. 11. Je ne suis plus très sûr qu'elle ______ (avoir) le courage et la force de continuer comme cela encore longtemps.

12. Bien que nous ______ (habiter) sous le même toit, ça marche assez bien. 13. Mais l'année dernière, nous avons eu quelques problèmes avec notre fille. Et si à ce moment-là, nous n'______ (ne pas avoir) autant de place, cela ______ (être) difficile. 14. Et puis nous sommes heureux que notre fille ______ (vouloir) bien participer aux travaux de la maison et qu'elle nous ______ (faire) assez souvent la cuisine: ce qu'elle fait est toujours excellent!

15. Mais il vaudrait quand même mieux qu'elle ______ (être) indépendante et nous espérons toujours qu'elle ______ (trouver) un jour du travail. »

D'après un article paru dans InfoMatin le 22/08/1995

b A votre avis, quels sont les problèmes que cette jeune fille rencontre en vivant avec ses parents? *Répondez dans votre cahier.*

Ex. 3: 1 **la biologie** [labjɔlɔʒi] die Biologie

4 *Je veux être agricultrice!* *(§§ 9, 10)*

a *Complétez le texte et faites attention aux temps et aux modes.*

Cher papa et chère maman,

1. Voilà, c'est décidé: je veux être agricultrice! Je sais que vous auriez préféré que je ____________ (finir) mes études à l'université, mais j'espère que vous ____________ (accepter) que je ____________ (vouloir) absolument faire quelque chose qui m'intéresse énormément. 2. Et puis je ne pense pas que le métier d'avocate ____________ (être) vraiment bien pour moi. 3. Vous ne trouverez peut-être pas très raisonnable que jusqu'à maintenant, je ____________ (ne jamais vraiment vivre) dans une ferme, mais je suis sûre que ce/c' ____________ (être) exactement ce qu'il me faut.
4. Je ne ____________ (s'apercevoir) que je ____________ (vouloir) aller vivre à la campagne que très tard.
5. Tout à coup, j' ____________ (voir) partout autour de moi les visages tristes des gens fatigués qui ____________ (sembler) être enfermés dans la ville. 6. J' ____________ (voir) aussi tous ces enfants qui ____________ (jouer) dans les rues grises et sales. 7. Je regrette qu'ils ____________ (ne jamais avoir) la chance de vivre près de la nature pour mieux aimer la vie. 8. Et j'ai bien peur que beaucoup de jeunes des villes ____________ (ne jamais voir) comment poussent les tomates et qu'ils ____________ (ne voir) des poules ou des vaches qu'à la télé ou dans leur assiette. 9. Il est bizarre que longtemps, je ____________ (ne rien remarquer) de tout cela. 10. Cela m'inquiète un peu que jusqu'à maintenant, j' ____________ (toujours bien aimer) aller au théâtre, au cinéma ou au concert, mais je crois que j' ____________ (avoir aussi besoin) de mieux connaître la nature et de vivre simplement.
11. Si ça ne me plaisait pas, je ____________ (s'en apercevoir) sûrement assez vite et je ____________ (pouvoir) toujours faire autre chose. 12. Et puis, je ne partirai pas avant qu'on m' ____________ (donner) les résultats de mes examens. 13. Je ____________ (s'apercevoir) qu'il est maintenant temps que j' ____________ (aller) en ville. Nous reparlerons de tout ça quand je viendrai à la maison, je voulais seulement vous raconter tous mes projets tout se suite.

Cécile

b *Que pensez-vous des idées de Cécile? Répondez dans votre cahier.*

5 Ça me rend jaloux...

Complétez les phrases avec le verbe ***rendre et un adjectif*** *du tableau ou un autre si vous préférez. Souvent, il y a plusieurs possibilités. Faites bien attention au temps et au mode! Ecrivez dans votre cahier.*

possible – agressif – triste – indépendant – heureux – fou – jaloux – malade – célèbre – prudent – sympathique

Exemple: *J'ai vu ma copine flirter avec un autre et ça m'a rendu jaloux.*

1. Si leurs parents leur donnaient plus de libertés, ça les...
2. Le mauvais temps la...
3. Ils ont eu beaucoup d'accidents, ça les...
4. Si tu bois trop de café, ça te...
5. Quand sa sœur lui parle comme à un enfant, ça le...
6. On pense que certains films...
7. Je ne crois pas que l'argent...
8. Il ne pense pas comme tout le monde, ça...
9. Pour de plus en plus de personnes, l'ordinateur...
10. Il a écrit un roman qui le...

6 Textes et activités

6. 1 Le portrait imaginé

Voici le portrait d'une personne. Pour faire cet exercice, vous avez besoin des révisions de vocabulaire de votre livre à la page 27. *Ecrivez dans votre cahier.*

a *Imaginez qui c'est: homme ou femme, nom, prénom, âge, physique[1] et caractère. Commencez comme ça: «C'est un homme/une femme...»*

b *Parlez de la famille de cette personne et de ses activités.*

6. 2 Une nouvelle terrible

Pendant un concert de rock, Jo ou Jocelyne[1] fait la connaissance de Laurent, un jeune qui adore la musique et dont le frère est mort du sida[2] après avoir pris de la drogue. Laurent est très triste de la mort de son frère et n'a plus le courage d'avoir des copines. Jo l'aime beaucoup et lui demande d'aller chez un médecin pour un test[3]. Elle lui propose même de faire le test avec lui. C'est aujourd'hui que le médecin va leur donner les résultats des tests.

a *Lisez le texte.*

Ex. 6. 1: 1 **le physique** [ləfizik] das Aussehen
Ex. 6. 2: 1 **Jo** [ʒo] *Verkleinerungsform für* **Jocelyne** [ʒɔslin] *weiblicher Vorname* – 2 **le sida** [ləsida] Aids – 3 **un test** [ɛ̃tɛst] ein Test

DERIB

b *Répondez aux questions suivantes dans votre cahier.*

1. Pourquoi Laurent a-t-il peur de faire la connaissance d'une fille?
2. Qu'est-ce que Jo lui propose? Pourquoi?
3. Quels sont les résultats des tests et comment Jo y réagit-elle?

c *Choisissez l'un des deux points suivants et répondez dans votre cahier.*

1. Imaginez le dialogue entre Laurent et Jo après la visite chez le médecin.
2. Imaginez la suite de l'histoire.

Ex. 6. 2: 4 **séropositif, séropositive** [sero...] HIV-positiv, *d. h. mit dem HIV-Virus infiziert, aber noch nicht erkrankt*
5 **injuste** [ɛ̃ʒyst] ungerecht – 6 **Tout se brouille dans la tête de qn.** [...səbruj...] Jd. kann nicht mehr klar denken.

7 Auto-contrôle solutions p. 69

7. 1 L'emploi du subjonctif *(§§ 7, 8)*

Complétez les phrases suivantes.

1. Il vaut mieux que tu

____

pour aller à Paris.

2. Je crois que tu

____

trop de chocolat.

3. – Regarde! Ce n'est pas Marie-José Pérec[1] ?
 – Non, je ne pense pas que

____

_____________________________.

4. Quoiqu'il

____

_____________________________,

je préfère être prudent.

5. Je ne trouve pas qu'il

_____________________________.

6. Je suis sûre qu'en ce moment, il

____

____

_____________________________.

7. Je ne crois pas que ce

____

_________________________ taille.

8. J'espère qu'il

____

méchant.

9. Il vaudrait mieux que tu

____

plus prudemment!

Ex. 7. 1: 1 **Marie-José Pérec** [marizoseperɛk] *berühmte französische Sportlerin*

7. 2 Le subjonctif passé et le verbe «s'apercevoir» *(§§ 9, 10)*

Voici un article publié dans un journal pour les jeunes.
Complétez. Attention au temps et au mode des verbes!

1. Ces derniers temps, on ______________________ (s'apercevoir) de plus en plus que ce n'est pas toujours facile d'être étranger[1] dans le pays où on vit. 2. La semaine dernière, Halimata[2], dont les parents sont Africains, a eu 16 ans et elle ______________________ (se souvenir) qu'elle devait bientôt demander la nationalité française. 3. Quoiqu'elle ______________ (naître) en France, elle n'est pas encore vraiment Française parce que ses parents sont étrangers. 4. Elle est triste qu'on ne lui ______________________ (pas encore donner) de réponse positive. 5. Depuis 1994, il faut qu'un jeune né en France et qui a des parents étrangers ______________ (savoir) entre 16 et 21 ans s'il veut devenir Français pour pouvoir demander la nationalité française. 6. Avant 1994, les jeunes qui étaient dans la même situation ______________ (devenir) automatiquement[3] Français quand ils avaient 18 ans. 7. Maintenant, il faut qu'au moment où ils demandent la nationalité française, ces jeunes ______________ (passer) au moins 5 ans en France.

Les enfants d'Algériens[4] par contre sont Français à leur naissance parce que jusqu'en 1962, l'Algérie[5] était française. 8. Il est normal que certains jeunes ______________ (avoir) l'impression que la France ne les veut pas. 9. Il n'est pas sûr que ce ______________ (être) une bonne chose! 10. Il y aura peut-être des jeunes qui ______________________ (s'apercevoir) qu'ils préfèrent garder la nationalité de leurs parents puisqu'ils peuvent choisir. Mais ce sera alors difficile pour eux de se sentir vraiment comme leurs copains. 11. Le rédacteur de cet article aimerait que vous, les jeunes dans la situation de Halimata, vous ______________________ (prendre) votre stylo pour raconter votre histoire à tous les lecteurs et à toutes les lectrices…

Ex. 7. 2: 1 **étranger, étrangère** [etrɑ̃ʒe, etrɑ̃ʒɛr] fremd, ausländisch – 2 **Halimata** [alimata] *afrikanischer weiblicher Vorname* 3 **automatiquement** [ɔtɔmatikmɑ̃] automatisch – 4 **un Algérien, une Algérienne** [ɛ̃nalʒerjɛ̃, ynalʒerjɛn] ein Algerier, eine Algerierin – 5 **l'Algérie** *(f.)* [lalʒeri] Algerien

8 Révision solutions p. 70

Scène du film français «La Haine» sur la violence dans les banlieues qui est passé en Allemagne sous le même titre: «Hass».

8. 1 Conjonctions, adverbes et prépositions: *(Rév. 11)* La violence[1] à l'école: six lycéens veulent comprendre.

Complétez le texte en ajoutant les conjonctions, les adverbes et les prépositions.

donc – **ni... ni... ne** – **pour que** – **quoique** – **après que** – **puisque** – **parce que**

quand même – **aussi** – **alors**

pour – **entre** – **à** – **au lieu de** – **près de** – **contre (2x)** – **depuis** – **dans** – **de (3x)** – **en dehors de** – **sans** – **à cause de**

1. Ils ont ______________ 16 et 18 ans. 2. Michaël[2], Peggy, Anissa, Rabha, Sandrine et Sabrina[3] sont lycéens dans une ville ______________ Paris. 3. Ils s'inquiètent ______________ il y a de plus en plus de violence à l'école, même chez les «petits». 4. ______________ les «petits» d'un collège voisin ont un jour lancé des pierres ______________ toutes les vitres de l'école, les «grands» ont réagi. 5. ______________ accepter la violence, ils ont décidé de faire quelque chose ensemble. 6. Mais ______________ ils aient décidé de lutter contre cette violence, il est important pour eux de montrer en même temps qu'ils ne sont pas ______________ les «casseurs[4]». 7. ______________ quelques temps, ils ont rendez-vous tous les mercredis ______________ réfléchir et trouver des solutions. 8. Dans leur groupe, ils parlent ______________ la violence, ______________ l'école et ______________ la télé. Voici ce qu'ils disent: 9. ______________ chômage de leurs parents, beaucoup de jeunes n'ont plus d'espoir pour leur avenir. 10. ______________, ils se demandent pourquoi ils devraient travailler à l'école ______________ ils sont presque sûrs de ne pas trouver d'emploi après. 11. A côté du chômage, il y a aussi la télé qui joue un rôle important: elle présente la violence ______________ en expliquer les raisons. 12. La télé montre ______________ beaucoup de films où tout le monde va à l'université, a de l'argent, est beau, gentil...

Ex. 8. 1: 1 **la violence** [lavjɔlɑ̃s] die Gewalt – 2 **Michaël** [mikaɛl] *männlicher Vorname* – 3 **Peggy** [pɛgi], **Anissa** [anisa], **Rabha** [raba], **Sandrine** [sɑ̃drin], **Sabrina** [sabrina] *weibliche Vornamen* – 4 **un casseur** [ɛ̃kasœr] ein Chaot

13. Les jeunes des banlieues croient __________ qu'ils n'ont pas de chance, qu'ils vivent __________ __________ la société. 14. Pour eux, __________ des moyens techniques qui permettent par exemple d'empêcher les enfants de voir de la violence à la télé, __________ un plus grand nombre de surveillants à l'école __________ sont de vraies solutions. 15. Et puis certains jeunes veulent aussi montrer qu'ils existent, qu'ils sont importants, ils veulent qu'on parle d'eux __________ la télé et __________ les journaux.

16. Enfin, les plus jeunes imitent leurs grands frères __________ on les accepte dans le groupe.

17. Ces lycéens n'ont pas encore trouvé de solution, mais ils continuent __________ à lutter.

D'après un article de M.-D. Arrighi
paru le 08/03/1996

8. 2. Les pronoms relatifs *(Rév. 7)*

a *Traduisez dans votre cahier.*

1. Das ist der Dichter, dessen Sohn du kennst.
2. Hier ist der Laden, neben dem ich mein Fahrrad habe [stehen] lassen.
3. Ich suche den Mann, der mir dieses Buch geliehen hat und den du hast weggehen sehen.
4. Das ist das Haus, in dem ich lange gewohnt habe.
5. Er weiß nicht, was er will.
6. Wir haben nicht gesehen, was passiert ist.

b Qui est-ce? *Complétez les phrases avec des pronoms relatifs en ajoutant des prépositions si nécessaire.*

1. L'histoire __________ nous parlons et __________ vous connaissez bien se passe dans un petit village __________ il y a très peu d'eau. 2. Les habitants __________ y vivent et __________ on peut bien bavarder, ne s'occupent jamais des affaires des autres. 3. Ils travaillent dur dans les champs __________ les plantes poussent mal.

4. Un jour, un homme de ce village rencontre un ami avec __________ il a fait son service militaire.

5. __________ intéresse cet homme, ce sont les fleurs __________ son ami plante dans ses champs.

6. Il veut savoir __________ il faut faire pour avoir des fleurs si belles. Il essaye de planter quelques fleurs chez lui. 7. Mais le champ dans __________ il veut planter ces fleurs n'a pas beaucoup d'eau. 8. Quand il demande à son oncle __________ il pourrait faire, celui-ci lui dit que la source __________ le jeune homme aurait besoin se trouve dans la ferme voisine. 9. L'héritier __________ cette ferme appartient ne vit pas dans le village. L'oncle, qui est en réalité très méchant, explique alors son projet…

Avez-vous compris de quoi il s'agit?

Réponse: 10. L'histoire __________ nous parlons s'appelle __________.

11. Celui __________ l'a écrite, c'est __________.

〈8. 3 Contrôle combiné: L'emploi du subjonctif et la proposition conditionnelle *(§§ 7, 8; Rév. 17)*〉

Dans quelques villes ou départements de France, il y a un «conseil des jeunes», c'est-à-dire un groupe d'élèves qui représente les jeunes de la ville ou du département. Aujourd'hui, dans un de ces «conseils», on discute pour savoir ce qu'il faut changer d'urgence pour les jeunes de la ville.

le conseil départemental des jeunes d'Ille-et-Vilaine, en Bretagne

Complétez les phrases.

Olivier: 1. Nos copains des quartiers pauvres ont vraiment la vie difficile. Je ne pense pas qu'ils ______________ (pouvoir) sortir souvent de leur quartier pendant leur temps libre parce que ce serait cher.

Aurélie: 2. ...Et quoiqu'ils ______________ (avoir) soif de vivre, il n'y a rien pour eux: pas de clubs, pas de terrain de sport. 3. Je suis sûre qu'ils ______________ (être) souvent découragés. 4. Il est vraiment temps qu'on ______________ (faire) quelque chose pour eux.

Olivier: 5. Si on ______________ (donner) leur chance aux jeunes, certains ne ______________ (faire) pas de bêtises. 6. Si par exemple la société ______________ (mieux s'occuper) de ce garçon qui, hier, a essayé de voler de l'argent dans une banque, il n'______________ (ne pas avoir) l'idée de voler et il ne ______________ (être) pas en ce moment en train de lutter contre la mort.

Anne: 7. On devrait créer des clubs pour eux, pour qu'ils ______________ (avoir) des activités. 8. Il faudrait qu'ils ______________ (pouvoir) faire du foot ou du cheval.

Isabelle: 9. Du cheval? Tu rêves! Je ne crois pas que ce ______________ (être) possible!

Mourad: 10. Ce qui est important, c'est qu'ils ______________ (savoir) où aller pendant leur temps libre.

Christophe: 11. Moi, je trouverais super que les jeunes ______________ (avoir) la possibilité de faire quelque chose ensemble quand ils en ont envie.

Mourad: 12. Une chose est sûre: si on ne ______________ (demander) rien, on n'______________ (avoir) rien. 13. Il faut qu'on ______________ (aller) demander à la ville de nous donner un endroit pour faire de la musique ou du théâtre.

Isabelle: 14. Moi, je trouve plus important que les jeunes ______________ (avoir) un emploi pour les vacances ou pour tout le temps.

Christophe: 15. Ecoutez, je propose qu'on ______________ (faire) d'abord un questionnaire pour qu'on ______________ (savoir) ce que tout le monde veut.

LEÇON 3 Paris, tours et détours

A Portrait dangereux

le célèbre Jean Gabin dans le rôle de l'inspecteur Maigret

1 L'inspecteur Lognon[1] *(§ 17)*

Une nuit, le commissaire[2] Maigret[3] rentra très tard du bureau. Il espérait donc dormir un peu plus longtemps le lendemain matin. Mais…

a *Voici quelques phrases à l'**imparfait** et au **passé simple.** Lisez-les et remettez-les dans l'ordre en leur donnant des numéros.*

☐ Lapointe[4] avait l'air fatigué et il s'excusa d'avoir réveillé le commissaire si tôt.

☐ Il demanda: «Quelqu'un est là?»

☐ Elle revint, lui dit bonjour, ouvrit les fenêtres, et il s'aperçut qu'il devait être déjà tard. Il était sept heures.

☐ Il se leva sans attendre le café, s'habilla et entra dans la salle à manger.

☐ «L'inspecteur Lapointe t'attend dans la salle à manger. Reste un instant au lit, je te prépare une tasse de café.»

☐ Maigret n'eut pas l'impression d'avoir dormi plus de quelques minutes, quand on sonna à la porte d'entrée; sa femme sortit du lit pour aller ouvrir.

☐ Pendant que Mme Maigret apportait deux grandes tasses de café, Lapointe se mit à parler: «Il s'est passé quelque chose de grave, cette nuit… Il s'agit de quelqu'un que vous aimez bien…»

☐ Pourquoi sa femme lui parlait-elle comme si on venait de lui annoncer une mauvaise nouvelle?

☐ «L'inspecteur Lognon? Il est mort?»

D'après: Georges Simenon
«Maigret et le fantôme»

b *Copiez les phrases dans votre cahier dans le bon ordre, puis relisez-les.*
Vous remarquerez que bien que ce texte soit très court, l'auteur réussit à y créer une ambiance et à dire au lecteur beaucoup de choses. Vous allez voir que vous pouvez par exemple répondre aux questions suivantes.
Ecrivez les réponses dans votre cahier.

1. Comment va Maigret?
2. Quel est le comportement de sa femme: Que fait-elle? Pourquoi?
3. A votre avis, à quoi s'attend le commissaire Maigret?

l'auteur, Georges Simenon

Ex. 1: 1 **Lognon** [lɔɲjõ] *Eigenname* – 2 **un commissaire** [ɛ̃kɔmisɛr] ein Kommissar – 3 **Maigret** [mɛgrɛ] *Eigenname*
4 **Lapointe** [lapwɛ̃t] *Eigenname*

2 *Temps et modes* *(§ 11)*

Regardez le tableau, et retrouvez les temps des verbes en mettant le numéro correct. Ecrivez l'infinitif de ces verbes et l'infinitif du verbe allemand. Attention: vous trouverez encore 5 formes qui appartiennent à deux verbes ou à deux temps différents! Dans ces cas, indiquez les deux.

1 présent
2 passé composé
3 passé simple
4 imparfait
5 plus-que-parfait
6 futur simple
7 futur antérieur
8 conditionnel présent
9 conditionnel passé
10 subjonctif présent
11 subjonctif passé

elle dit	*1 ou 3*	*dire sagen*	**nous apparaissions**		
elle fut			**elle fit**		
on apercevra			**vous hésitiez**		
elles ont réclamé			**vous écririez**		
nous vînmes			**ils eurent**		
elles rendent			**vous aurez vécu**		
nous aurions cru			**elles se seraient assises**		
ils aient agi			**vous fuyiez**		
nous buvions			**il aurait fallu**		
il fuit			**elles purent**		
nous nous en serions allé(e)s			**nous craignions**		
elle voulut			**ils se réjouiront**		
vous lûtes			**je consolai**		
tu interrompras			**elle avait dû**		
il s'alluma			**on vit**		
il sente			**ils mirent**		
on dut			**j'aie su**		

6 *Le Futuroscope*[1] *(§§ 15, 16,17)*

Madame Cornille téléphone à l'office du tourisme pour avoir des renseignements sur le Futuroscope, un grand parc près de Poitiers[2]. Voici une partie des informations que l'employée a données.

a *Lisez les phrases suivantes.*

1. On a créé le Futuroscope pour apporter une contribution au développement des nouvelles technologies en Europe.
2. Avant d'ouvrir les portes du Futuroscope au public, on avait montré le parc aux journalistes.
3. On a donc fondé le parc sur l'idée d'inviter le public à découvrir l'avenir de la société de l'information.
4. On y propose plusieurs formes d'activités sur le thème des nouvelles technologies[3] de la communication[4]: des loisirs[5], mais aussi des activités économiques, de la formation et de la recherche[6].
5. Avec le temps, on a créé de nombreux projets nouveaux dans ce parc.
6. En 1995, on a reçu 2,8 millions de visiteurs dans ce parc.

b Mme Cornille reçoit plus tard une documentation sur le Futuroscope. Dans cette documentation, bien sûr, il y a beaucoup de phrases au passif. *Transformez les phrases de la partie* ***a*** *en employant* ***le passif.*** *Ecrivez dans votre cahier.*

Exemple: On a appelé ce projet Futuroscope ou Parc Européen de l'Image.

→ *Ce projet a été appelé Futuroscope ou Parc Européen de l'Image.*

c *Dans votre cahier, mettez les phrases suivantes au* ***passif.***

1. C'est le conseil général de la Vienne[7] qui a créé le grand parc du Futuroscope en 1985.
2. Bien qu'en 1995, une visite au Futuroscope ait attiré beaucoup de visiteurs étrangers, seuls 8,5 % d'entre eux étaient des Allemands.
3. Dans l'avenir, ce voyage vers les nouvelles technologies intéressera sûrement un plus grand nombre de touristes allemands.

d *Dans les phrases suivantes, comment appelle-t-on cette forme du passif? Si vous ne le savez pas, regardez le paragraphe 16 de votre grammaire. Traduisez ensuite ces phrases en allemand dans votre cahier.*

1. Les portes du Futuroscope *sont ouvertes* depuis 1985.
2. Le Futuroscope *est fondé* sur l'idée d'apporter une contribution au développement des nouvelles technologies en Europe.

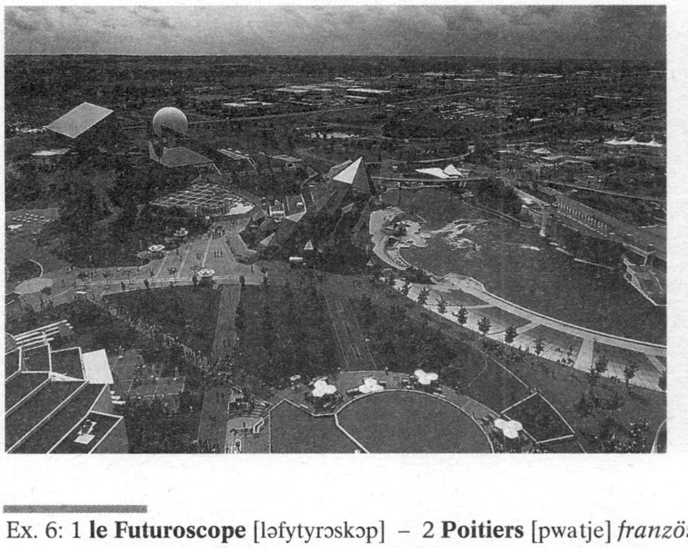

Ex. 6: 1 **le Futuroscope** [ləfytyrɔskɔp] – 2 **Poitiers** [pwatje] *französische Stadt südwestlich von Paris*
3 **une technologie** [yntɛknɔlɔʒi] eine Technologie – 4 **la communication** [lakɔmynikasjõ] die Kommunikation
5 **les loisirs** *(m.)* [lelwazir] die Freizeitaktivitäten – 6 **la recherche** [larəʃɛrʃ] die Forschung
7 **la Vienne** [lavjɛn] *département, in dem Poitiers sich befindet*

7 Lutter contre la misère *(§ 17)*

a *Lisez le texte.*

Au Havre[1], Daniel Tinel[2] et ses amis ont fondé le groupe «Nous croyons en toit». Vous avez bien lu: «toit» avec un «t». Daniel a eu cette idée en voyant comment vivaient les SDF[3]. Tout avait commencé quand il avait rencontré Raymond[4] qui vivait dans un abri malgré un hiver terriblement froid. Tous les jours après son travail, Daniel lui apportait du pain, du fromage et du charbon.
Peu à peu, les amis de Raymond acceptent Daniel. Un soir, un des SDF qui est chez Raymond dit à Daniel: «Ne nous laisse pas seuls. Nous croyons en toi.» Réponse de Daniel: «Moi, je crois *au toit.*» L'idée et le nom du groupe sont trouvés. C'est décidé: les SDF et ce groupe construiront bientôt une maison où habiteront les SDF et certains RMistes[5]. La veille de Noël 1993, Daniel, qui venait d'être licencié à 50 ans, annonce son projet au public. Il parle à des familles et à des entreprises qui lui promettent de l'aider. Le port du Havre leur offre un très grand terrain. Après deux ans de travail, l'équipe de Daniel posera enfin la dernière tuile sur le toit de cette maison.

D'après un article de P. Oudit
paru en décembre 1995
© Phosphore/BAYARD-PRESSE

b *Répondez aux questions suivantes dans votre cahier en employant* ***le passif*** *et* ***la mise en relief.***

Exemple: Qui a fondé ce groupe? Le maire du Havre?

→ *Non, il a été fondé par M. Tinel./Non, c'est M. Tinel qui l'a fondé.*

1. Qui a inventé le nom du groupe? Les SDF?
2. Qui annonce le projet au public? C'est Raymond?
3. Qui offre le terrain? Quelqu'un de riche?
4. Qui les aidera? L'Etat?
5. Qui construit cette maison? Les ouvriers du port?

c Pourquoi est-ce que ce groupe écrit «toi» avec un «t» (donc «toit»)? *Répondez dans votre cahier.*

8 Ça se dit comment en français? *(§ 18)*

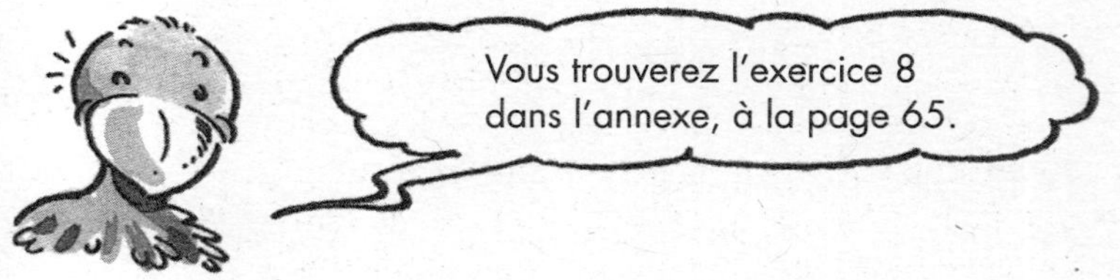

C Un «flic» s'informe...

9 Un nouveau boulot *(§ 19)*

Dessin de Plantu tiré du livre «Wolfgang tu feras informatique» éd. la découverte Monde, Paris 1988 © Plantu

Delphine emploie le français familier quand elle téléphone à sa copine. Voici une partie de ce qu'elle lui dit. *Dans votre cahier, «traduisez» les expressions en italique en français standard.*

1. J'ai enfin trouvé *un boulot!* [...] 2. Oui, dans *une boîte* de *pub!* [...] 3. Eh bien, je fais des *trucs* assez *chouettes* avec des gens *sympa* dont le *look* bizarre m'a quand même beaucoup surprise au début. 4. Par contre le soir, je suis vraiment *vidée.* [...] 5. Le problème, c'est que je ne gagne que 972 *balles* par mois, et ça, c'est vraiment *dégueulasse.* [...] 6. Enfin, c'est moins *dur* pour moi que par exemple pour mon collègue Grégory qui gagne à peu près la même chose que moi et qui a deux *gosses.* [...] 7. Bon, je te quitte. *Fais une bise* à Raoul de ma part. [...] 8. Oui! *Salut!*

Ex. 7: 1 **Le Havre** [ləavr] *Hafenstadt in der Region der Haute-Normandie* – 2 **Daniel Tinel** [danjɛltinɛl] *Eigenname*
3 **un SDF** *(= sans domicile fixe)* [ɛ̃ɛsdeɛf] ein Obdachloser – 4 **Raymond** [rɛmõ] *männlicher Vorname*
5 **un RMiste** [ɛ̃ɛrɛmist] *jd., der das RMI empfängt (le RMI = le revenu minimum d'insertion, entspricht in etwa der Sozialhilfe).*
Ex. 9: 1 **un stage** [ɛ̃staʒ] ein Praktikum

10 Textes et activités

a Quels peintres connaissez-vous? Quels peintres aimez-vous?

b *Lisez le texte suivant. Vous ne connaissez pas encore les mots en italique, mais en réfléchissant bien, vous pouvez les comprendre quand même.*

Paul Gauguin [pɔlgogɛ̃], Autoportrait

Paul Gauguin – Les débuts d'un peintre

Né le 7 juin 1848 à Paris, le peintre français Paul Gauguin, aujourd'hui célèbre dans le monde entier, avait un caractère et une vie très difficiles. Il n'a été accepté par le public qu'après sa mort en 1903. Comment a-t-il commencé sa *carrière?* Et quel en a été le prix?

Quand, en 1871, à 23 ans, Paul Gauguin devient employé chez un boursier, c'est déjà son deuxième métier. Il gagne très bien sa vie. Il se marie avec la jeune Danoise Mette avec qui il passe quelques années heureuses. Mais tout à coup, il se met à faire de la peinture tous les dimanches. Au début, ce hobby n'inquiète pas sa femme. En 1876, sa première toile, un paysage, est acceptée par le Salon. Gauguin ne parle pas beaucoup de ses toiles à sa femme.

Il aime de plus en plus les œuvres de ces nouveaux peintres que le public appelle les «Impressionnistes» pour s'en moquer. Le boursier *peintre du dimanche* commence à se faire une collection de toiles de ces peintres. Et il essaie de faire leur connaissance pour mieux comprendre leurs idées et pour discuter avec eux. C'est surtout l'art de Cézanne qui aura une grande influence sur les œuvres de Gauguin pendant quelques années. Gauguin, lui aussi, commence à exposer ses toiles avec celles des Impressionnistes.

Mais Gauguin sent de plus en plus que sa vie d'employé ne lui permet pas de vivre pleinement sa passion artistique. Il est sûr d'être né pour la peinture. Au début de l'année 1883, il décide d'abandonner complètement son emploi pourtant très bien payé pour peindre tous les jours. Au mois de novembre, il s'installe avec sa femme et leurs cinq enfants à Rouen. Gauguin croit que là-bas, les gens sont riches et qu'il pourra vendre facilement ses toiles. Sa femme accepte parce qu'elle croit en lui. Mais la réalité déçoit tous les espoirs de Gauguin: la vie est chère et bientôt, il a dépensé toute sa fortune.

C'est à ce moment-là que Paul et Mette connaissent une grande crise. Mette lui propose d'aller à Copenhague parce qu'elle espère que sa famille pourra l'aider à ramener son mari à leur façon de vivre d'autrefois. Mais la famille de Mette n'accepte pas ce peintre étranger raté. Gauguin, lui, réagit de plus en plus mal. Rien ne lui réussit. Mette, par contre, se met à donner des cours de français aux jeunes *diplomates.* Gauguin fait des reproches à sa femme. Il se sent vraiment abandonné et décide de quitter Copenhague au mois de juin 1885. Avec le peu d'argent qui lui reste, il retourne à Paris pour se consacrer tout entier à l'art. Il ne reverra sa femme qu'une seule fois.

D'après: John Rewald: «Gauguin» Paris, Ed. Hypérion

un boursier [ɛ̃bursje] ein Börsenmakler
le Salon: *regelmäßige Ausstellung von neuen Kunstwerken in Paris*
les Impressionnistes: die Impressionisten; *Maler der 1860-1870 entstandenen franz. Kunstrichtung Impressionismus*
Paul Cézanne [pɔlsezan] franz. Maler (1839 - 1906)
une influence [ynɛ̃flyɑ̃s] ein Einfluss
exposer qc [ɛkspoze] etw. ausstellen
Rouen [ʀuɑ̃] *franz. Stadt der Haute-Normandie*
Copenhague [kɔpɛnag] Kopenhagen

c *Dans votre cahier, répondez aux questions suivantes:*

1. Comment est-ce que Gauguin est devenu peintre?
2. Qu'apprend-on sur ce que pense Mette de cette vie?
3. Que pensent les parents de Mette?

d *Le texte ne dit pas ce que pensent Gauguin, Mette et leur famille exactement. Mais on peut l'imaginer. Ecrivez un dialogue entre Gauguin, Mette et les parents de Mette au sujet de la vie du peintre et de sa femme.*

e *Cherchez chez vous, à la bibliothèque ou dans une banque de données un ou deux tableaux de Gauguin et dites pourquoi ils vous plaisent ou pourquoi ils ne vous plaisent pas.*

Ex. 10: 1 **une banque de données** eine Datenbank

11 Auto-contrôle solutions p. 70

11. 1 Le passif *(§ 18)*

Cette année encore, un festival franco-allemand de la chanson est organisé dans un château du Rhin[1]. Quelques informations doivent être préparées pour ceux qui vont participer à ce festival. Voici les premières notes que quelqu'un a prises.

Traduisez ces phrases en français dans votre cahier. Voici ce qui peut vous aider à choisir la meilleure traduction:

- *(on)* veut dire: *traduisez par une construction avec «on»,*
- *(p)* veut dire: *traduisez par une construction à la forme passive,*
- *(se)* veut dire: *traduisez par une construction avec un verbe pronominal.*

Exemple: Dieses Jahr werden 120 Gäste im Schloss erwartet. *(p)*

→ *Cette année, 120 invités sont attendus au château.*

1. Im vergangenen Jahr wurden 80 Franzosen empfangen. *(p)*
2. An der Rezeption wird französisch gesprochen. *(on)*
3. Die Räume im zweiten Stock werden nicht besichtigt. *(se)*
4. Die Besucher werden gebeten, in der Kapelle (la chapelle) nicht zu sprechen. *(p)*
5. Am letzten Tag werden alle Artikel der Boutique billiger verkauft. *(p) (futur)*
6. Während der deutsch-französischen Essen werden abends Spiele organisiert. *(on)*
7. Schiffsrundfahrten (promenades) auf dem Rhein werden jeden Tag vom Fremdenverkehrsamt organisiert. *(p)*
8. Werfen Sie Ihre Plastikbecher (verres en plastique) nicht weg, sie werden wieder verwertet. *(p) (futur)*
9. Die Begegnungen für das folgende Jahr werden immer sehr früh vorbereitet. *(se)*

11. 2 Le passé simple *(§ 11)*

Dans son très beau livre «Le Petit Prince», Antoine de Saint-Exupéry[1] raconte l'histoire d'un pilote qui a un accident avec son avion et qui se retrouve dans le désert[2]. Là, il fait la connaissance d'un personnage très curieux qu'il appelle le «petit prince».

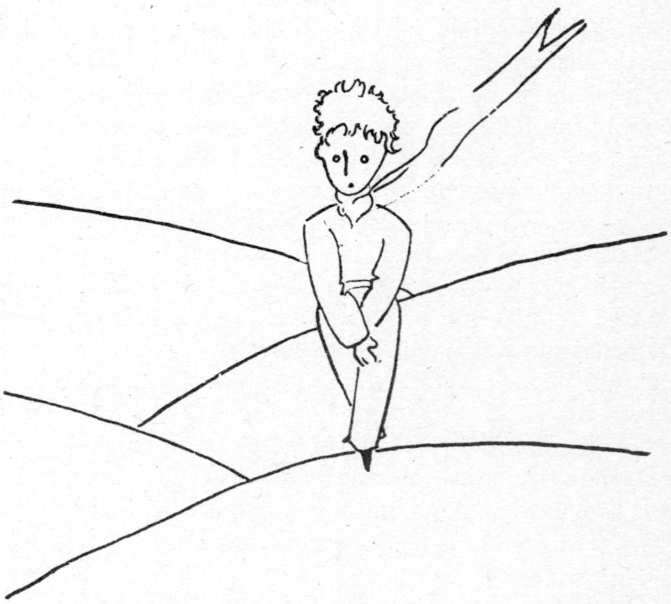

a *Lisez le texte.*

– Comment! tu es tombé du ciel?

– Oui, fis-je modestement[3].

– Ah! ça c'est drôle...

Et le petit prince eut un très joli éclat de rire[4] qui m'irrita[5] beaucoup. Je désire que l'on prenne mes malheurs[6] au sérieux. Puis il ajouta:

– Alors, toi aussi tu viens du ciel! De quelle planète[7] es-tu?

Ex. 11. 1: 1 **le Rhin** [lərɛ̃] der Rhein

Ex. 11. 2: 1 **Antoine de Saint Exupéry** [ɑ̃twandəsɛ̃tɛkzyperi] *französischer Schriftsteller und Flugzeugpilot (1900 – 1944)*
2 **le désert** [lədezɛr] die Wüste – 3 **modestement** [mɔdɛstəmɑ̃] bescheiden – 4 **un éclat de rire** [ɛ̃nekla...] ein (lautes) Auflachen – 5 **irriter qn** [irite] jdn. ärgern – 6 **un malheur** [ɛ̃malœr] ein Unglück – 7 **une planète** [ynplanɛt] ein Planet

J'entrevis aussitôt une lueur, dans le mystère de sa présence[8], et j'interrogeai brusquement[9]:

– Tu viens donc d'une autre planète?

Mais il ne répondit pas. Il hochait[10] la tête doucement tout en[11] regardant mon avion:

– C'est vrai que, là-dessus[12], tu ne peux pas venir de bien loin…

Et il s'enfonça[13] dans une rêverie qui dura longtemps.

Antoine de Saint-Exupéry, «Le Petit Prince»

b Dans ce texte, c'est le pilote qui raconte l'histoire et qui est le «je». *Maintenant, écrivez cette histoire dans votre cahier à la troisième personne du singulier. Attention, il faut transformer le verbe et d'autres expressions. Commencez comme ça:*

– Tu es tombé du ciel?
– Oui, fit le pilote modestement.

le vieil Antibes

11. 3 Adjectifs changeant de sens selon leur place *(§ 14)*

Mettez les adjectifs à la bonne place. Faites attention à l'accord de l'adjectif et aux autres transformations.

Mon cher Olivier ______________________,
mon Olivier/cher

1. ______________________ d'Antibes! 2. ______________________,
un bonjour/grand — la semaine/dernier

j'ai décidé de rendre visite à ______________________ d'université, Jean-Pierre.
notre camarade/ancien

Tu te souviens de lui? 3. C'est ______________________ qui lavait tout,
ce garçon/un peu fou

même ______________________. 4. Maintenant, il habite à Antibes dans ______________________.
les choses/propre — un quartier/cher

5. Il a acheté ______________________. 6. Oui, ce n'est plus
un appartement/très beau

______________________ d'autrefois. 7. Il a même ______________________.
l'étudiant/pauvre — son entreprise/propre

8. il a réussi à fonder une entreprise de restauration de ______________________
meubles/ancien

qui a ______________________. 9. Mais une de ______________________
un succès/énorme — ses activités/dernières

lui a créé des problèmes: 10. ______________________ a vendu
son comptable/nouveau

______________________ de l'entreprise. 11. Ah! Jean-Pierre est
des dossiers/important

______________________! Hier, il a dû licencier ce triste personnage! Quelquefois, la vie est dure!
un homme/pauvre

Le bonjour de Jean-Pierre. J'espère que tu vas bien.

Marc

Ex 11. 2: 8 **J'entrevis** (entrevoir) **aussitôt une lueur, dans le mystère de sa présence**… [ʒɑ̃trəvi] [osito] [ynlɥœr] … [mistɛr] … [prezɑ̃s] *wörtlich:* Ich erblickte sofort ein schwaches Licht im Geheimnis seiner Anwesenheit – 9 **brusquement** [bryskəmɑ̃] *hier:* unvermittelt – 10 **hocher la tête** [ɔʃe...] mit dem Kopf nicken – 11 **tout en…** wobei er gleichzeitig… – 12 **là-dessus** [ladsy] *hier:* darauf, damit – 13 **s'enfoncer dans une rêverie** [sɑ̃fõse...rɛvri] in eine Träumerei versinken

11. 4 Les verbes «fuir» et «s'en aller» *(§§ 12, 13)*

a *Complétez avec le verbe* fuir.

1. Les lions ont attaqué la bête, puis ils ______________________ sans la manger.
2. Souvent, quand vous rencontrez des problèmes, vous arrêtez de lutter avant d'avoir trouvé des solutions.

   Mais cela ne me plaît pas que vous ______________________ les difficultés.
3. Si un jour nous nous disputons dans un si petit appartement, eh bien nous nous ______________________.
4. Chère amie, je suis toujours si content de vous voir! Pourtant, j'ai l'impression que vous me ______________.
5. Quand il n'y a plus de travail, les gens ______________________ leur région.

b *Traduisez les phrases 2, 3 et 4 de la partie* ***a*** *dans votre cahier. Attention, le verbe* fuir *ne se traduit pas toujours de la même façon.*

c Complétez avec *le verbe* s'en aller.

1. Ne reste pas ici. ______________________ avant que quelqu'un te surprenne!
2. Les anciens amis se sont recontrés, ils ont parlé un moment, puis ils ______________________

   chacun[1] de son côté.
3. Il faudrait que nous ______________________ avant qu'il soit trop tard.
4. Quand nous aurons fini, nous pourrons ______________________.
5. Reste encore un peu, Nathalie, ne ______________________ pas si vite!

d *Complétez.*

Ex. 11. 4: 1 **chacun** [ʃakœ̃] jeder; **chacun s'en va de son côté:** jeder geht seinen Weg

12 Révision solutions p. 70

12. 1 Adjectifs et adverbes; la place de l'adjectif *(§ 14, Rév. 9, 10)*

Traduisez les phrases suivantes dans votre cahier.

1. Der alte Herr mit dem großen roten Hemd auf diesem Bild ist unser ehemaliger Nachbar. 2. Nachdem er lange ganz allein gelebt hatte, hat er geheiratet. 3. Letztes Jahr sind er und seine Frau losgefahren, um zusammen eine sehr große Reise vor allem in arme Länder zu machen. 4. Auf dem Bild sieht er wie ein kleiner, langweiliger Mann aus, aber in Wirklichkeit ist er ein sehr sympathischer alter Herr, der einen sehr guten Charakter und enorm [viel] Humor hat. 5. Ich habe bestimmte Geschichten nie vergessen.

12. 2 La place de l'adverbe dans la phrase *(Rév. 10)*

Traduisez les phrases suivantes dans votre cahier.

1. Gestern Abend hatte Hélène alle ihre Freunde eingeladen. 2. Am Wochenende organisieren Hélène und ihre Freunde oft kleine Feste zusammen. 3. Dieses Mal hatten Hélènes Eltern ihr ausnahmsweise erlaubt in ihrem Keller zu feiern. 4. Das Fest hat sehr lange gedauert. 5. Um 2 Uhr haben Hélènes Freunde langsam angefangen (commencer à) aufzuräumen.

12. 3 Les degrés et la comparaison des adjectifs et des adverbes *(Rév. 9, 10)*

Une chanteuse raconte. *Complétez le texte et faites attention à la transformation des adjectifs et des adverbes.*

1. Depuis que je donne ______________________________, je me sens mieux.	*weniger Konzerte*
2. J'ai ______________________ à consacrer à ma famille.	*mehr Zeit*
3. C'est ______________________ pendant les mois où je ne suis à la maison	*besser als*
que quelques jours toutes les six semaines environ. 4. Ma ______________________	*bestes Jahr*
était l'année dernière: mes enfants m'ont accompagnée partout! 5. Mais cette année	
ne sera sûrement pas ______________________: 6. Je n'aurai pas	*so angenehm*
______________________ l'année dernière, mais je dois préparer	*so viele Konzerte als*
un nouveau CD et pour cela, il me faut ______________________	*möglichst viel Ruhe*
pour avoir des idées de textes, de musiques… 7. Il faut donner le meilleur de soi-même[1] pour	
faire un travail ______________________ ça. 8. Un projet comme celui-là demande	*so schwer wie*
aussi de travailler ______________________ en groupe.	*möglichst oft*
9. On a de ______________________ quand on travaille à plusieurs.	*bessere Ideen*
10. Bien sûr, il y a des personnes avec qui on travaille ______________________	*weniger gut als*
avec d'autres, mais même si les résultats sont quelquefois ______________________,	*weniger gut*
on apprend quand même quelque chose.	

Ex. 12. 3: 1 **soi-même** [swamɛm] sich selbst

⟨**12. 4 Contrôle combiné: actif et passif, modes et temps, les adjectifs et leur contraire** *(§ 17, Rév. 14)*⟩

*Complétez le texte. Donnez et accordez le **contraire** des adjectifs proposés et réfléchissez bien aux temps et aux modes.*

1. En 1884, l'ingénieur Gustave[1] Eiffel ______ (ébaucher) le ______ (≠ dernier) plan de la tour. 2. Jusque là, il ______ (construire surtout) des ponts. 3. De 1887 à 1889, Gustave Eiffel ______ (diriger) le travail de 300 monteurs acrobates[2]. 4. 18.000 pièces de fer ______ (installer alors) ______. 5. Quand la tour ______ (construire), elle ______ (être), avec ses 312 m, le plus ______ (≠ bas) bâtiment du monde. 6. Aujourd'hui, on trouve normal que la tour ______ (être) là et que cette ______ (≠ laid) construction ______ (admirer) par tout le monde. 7. Mais à l'époque, un grand nombre d'artistes[3] ______ (vouloir) arrêter ce «projet ______ (≠ raisonnable)». 8. Par contre, il y en ______ (avoir) d'autres comme Apollinaire[4] et Cocteau[5] qui l'______ (adorer) et la ______ (décrire). 9. Il faut dire qu'elle ______ (prendre) comme sujet par beaucoup de peintres ______ (≠ inconnu). 10. C'est la TSF[6] qui ______ (sauver) la tour en 1909: La tour ______ (détruire) si la TSF ______ (ne pas décider) de s'y installer. 11. Sous la tour, une statue de Gustave Eiffel ______ (garder) le souvenir de ______ (≠ l'ingénieur très incompétent) qui ______ (donner) à la capitale l'un des monuments les plus visités de France.

D'après un extrait du «guide vert»

Unité mobile

UM 1 Les rapports franco-allemands

1 Qui n'a pas de préjugés[1]? *(Vous pouvez faire cet exercice après avoir fini la leçon 3.)*

a *Voici ce à quoi pensent certains jeunes Français quand on leur parle de l'Allemagne. Lisez les textes.*

1.
L'Allemagne est pour moi un pays où les gens aiment beaucoup la musique classique et la littérature. Je crois aussi que les Allemands aiment beaucoup faire des longues promenades dans leurs très belles forêts.
(garçon, 17 ans)

2.
Quand je pense au mot «Allemagne», je pense à un peuple[2] qui a un caractère fort et discipliné[3].
(garçon, 16 ans)

3.
Moi, je pense à une personne qui arrive dans une grosse voiture allemande et qui n'est pas toujours disciplinée dans les autres pays. L'Allemand est très sûr de lui[4].
(fille, 18 ans)

Ex. 12. 4: 1 **Gustave** [gystav] *männlicher Vorname* – 2 **un monteur acrobate** [ɛ̃mõtœrakrɔbat] *Bauarbeiter oder Monteur mit akrobatischen Fähigkeiten* – 3 **un artiste** [ɛ̃nartist] ein Künstler – 4 **Apollinaire** [apɔlinɛr] *französischer Schriftsteller (1880-1918)* – 5 **Cocteau** [kɔkto] *französischer Schriftsteller (1889-1963)* – 6 **la TSF** (la télégraphie sans fil) [lateɛsɛf] die drahtlose Telegraphie

Ex. 1: 1 **un préjugé** [ɛ̃preʒyʒe] ein Vorurteil – 2 **un peuple** [ɛ̃pœpl] ein Volk – 3 **discipliné** [disipline] diszipliniert 4 **Il est très sûr de lui.** Er ist sehr selbstsicher.

4.
Quand j'entends le mot «Allemagne», je pense souvent à l'époque du nazisme[5]. Mais je sais que les gens ne sont pas comme ça. Ils ont quelquefois un air sévère, mais j'ai parlé avec des jeunes de mon âge qui étaient sympathiques.
(fille, 16 ans)

5.
Quand je pense à l'Allemagne, je pense d'abord à la cuisine allemande: pommes de terre, bière et choucroute[6] font le repas d'un bon Allemand.
(fille, 17 ans)

6.
Quand je pense à ce qu'on nous dit, je crois que le peuple allemand est en général discipliné et même plus discipliné que le peuple français.
(garçon, 16 ans)

© D'après «Ce que je sais sur l'Allemagne», une étude de Dieter Tiemann publiée par l'Office franco-allemand pour la Jeunesse

b *Répondez aux questions suivantes dans votre cahier.*

1. Quels sont les aspects dont parlent les jeunes Français?
2. Qu'en pensez-vous?

c Vous avez sûrement vous aussi certains préjugés négatifs ou positifs sur les Français. Quand on ne connaît pas un pays, on en a une image trop générale. Si on ne s'enferme pas dans sa première impression et si on accepte de s'intéresser à quelque chose de nouveau ou à d'autres personnes, on apprend peu à peu à connaître les gens et leur façon de vivre. On corrige sans arrêt l'image qu'on s'en fait parce qu'on découvre chaque jour des aspects différents de ce pays et de ses habitants.
Dans les petits textes n°1-6 de cet exercice, on trouve les expressions: «les Allemands», «l'Allemand», «un bon Allemand». A votre avis, peut-on parler des Allemands ou de l'Allemand, des Français ou du Français en général? Pourquoi (pas)? *Ecrivez dans votre cahier.*

2 Charles de Gaulle

Lisez le texte aux pages 48 et 49 de votre livre et répondez aux questions suivantes dans votre cahier.

1. De Gaulle a fait deux guerres. Quelles étaient ces guerres?
2. Pourquoi, en 1940, de Gaulle quitte-t-il la France?
3. De Gaulle devient président du gouvernement en 1944. Pourquoi se retire-t-il?
4. Quand retourne-t-il dans la politique? Pourquoi?
5. En quoi de Gaulle marque-t-il la politique des années 60?
6. Quelle est l'importance de de Gaulle dans les relations franco-allemandes?
7. Dans quel état se trouve la France en 1968, un an avant le départ de de Gaulle?

3 La formation des mots

Relisez la liste de mots de l'exercice 3b à la page 55 de votre livre, puis lisez les phrases suivantes. Regardez les mots en italique et cherchez un nom (un substantif) de la même famille. Ajoutez à chaque phrase une autre phrase que vous inventez dans laquelle vous employez le substantif trouvé. Ecrivez dans votre cahier.

Exemple: On *a discuté* jusqu'à 4 heures du matin.
→ *La discussion a été très dure.*

1. Le *travail de journaliste* me plairait! Le… est un métier intéressant.
2. Cette femme est très *belle.* J'admire sa…
3. Les copains de Paul se moquent de lui parce qu'il est *timide.* (…)
4. C'est une affaire *importante.* (…)
5. Elle est encore *jeune.* (…)
6. L'Etat français est très *centralisé.* (…)
7. Les jeunes d'aujourd'hui sont très *indépendants.* (…)
8. Nous allons *organiser* un concert. (…)

Ex. 1: 5 **le nazisme** [lənazisme] der Nationalsozialismus – 6 **la choucroute** [laʃukrut] das Sauerkraut

4 Se battre[1] pour vaincre! *(§§ 20, 21, 22)*

(se) battre	**vaincre**
conquérir	**convaincre**

Complétez le texte suivant avec les verbes donnés. Attention aux temps et aux modes.

Voici l'extrait d'un discours de Mme Catherine Souchet, députée, quelques mois avant les élections[2]:

«1. Il y a presque 5 ans, j'__________ (conquérir) le pouvoir grâce à vous. 2. Depuis ce temps-là, chaque jour, je __________ (se battre) à vos côtés et chaque jour, je __________ (conquérir) pour vous de nouvelles victoires[3]. 3. Dans quelques mois, je vous le dis, nos adversaires[4] __________ (vaincre/passif). 4. La partie n'est pas encore gagnée, chers amis, mais ensemble, nous __________ (conquérir) une fois encore la victoire. 5. Ces dernières années, nous __________ (se battre) pour créer des emplois, mais cela ne suffit pas. 6. Il est nécessaire que nous __________ (se battre) encore. 7. Il faut qu'ensemble, nous __________ (convaincre) de grandes entreprises de s'installer ici chez nous. 8. Ensemble, nous __________ (se battre) pour un avenir meilleur pour tous! 9. Nous __________ (vaincre) le chômage et la misère, j'en __________ (être convaincu). 10. Aujourd'hui, le programme de nos adversaires ne nous __________ (convaincre) pas parce qu'il ne propose pas d'idée nouvelle. 11. Nos adversaires __________ (battre/passif), c'est certain! 12. Si vous me donnez vos voix, je __________ (vaincre) encore de nombreuses difficultés et je __________ (conquérir) pour vous de nouvelles libertés et de nouveaux droits. 13. __________ (vaincre/impératif) notre peur de changer nos habitudes et trouvons des solutions originales à nos problèmes. 14. __________ (convaincre/impératif) nos amis que nous pouvons encore faire quelque chose. 15. __________ (se battre/impératif) pour plus de justice et pour que nos idées __________ (conquérir) les villes de notre département.»

Avec ces paroles, elle __________ (conquérir) peut-être le cœur de certains électeurs, mais moi, je ne suis pas __________ (convaincre) qu'elle __________ (vaincre).

Ex. 4: 1 **se battre** kämpfen – 2 **une élection** [ynelɛksjõ] eine Wahl – 3 **la victoire** [laviktwar] der Sieg
4 **un adversaire** [ɛ̃nadvɛrsɛr] *hier:* ein politischer Gegner

5 *L'illusionniste*[1] *(§ 23)*

lequel	**laquelle**
lesquels	**lesquelles**

a *Complétez les phrases suivantes avec le pronom interrogatif* ***lequel*** *et une préposition si nécessaire.*

1. Maintenant, le dé est dans une de mes mains. Dans ____________?
2. J'ai aussi caché un lapin dans un de ces chapeaux[2]. Dans ____________?
3. Vous avez trouvé! C'est le premier, bien sûr! Je peux aussi sortir plusieurs oiseaux de vos poches. Voyons, ____________ puis-je les sortir?
4. Un des ballons que voici va bientôt s'envoler parce que je pense très fort à ce ballon. ____________ suis-je en train de penser?
5. Nous avons maintenant besoin de deux autres spectateurs. Cher monsieur, ____________ choisissez-vous?

b *Complétez les phrases en employant les pronoms que vous trouvez à droite. Ensuite, donnez les réponses aux questions en pensant aux leçons de votre livre.*

(préposition +) ***lequel,*** *pronom interrogatif*
celui, celle, ceux, celles
+
qui, que, dont, où, lequel

1. C'est un texte du livre. C'est celui où ____________ l'histoire est racontée deux fois, une fois par la mère, une fois par la fille. Lequel ____________ est-ce?
   → C'est le texte de la leçon ____________.
2. C'est une activité pendant laquelle on peut manger beaucoup de raisins. C'est ____________ il y a des photos dans la leçon 1. ____________ s'agit-il?
   → Il s'agit ____________.
3. C'est le questionnaire auquel plus d'un million et demi de jeunes ont répondu. C'est ____________ a été très coûteux. ____________ parlons-nous ?
   → Nous parlons ____________.
4. Les conseils auxquels nous pensons sont élus tous les six ans, mais ce ne sont pas ____________ participent les conseillers généraux et les conseillers municipaux. ____________ pensons-nous?
   → Il s'agit ____________.
5. Ce sont de très vieilles montagnes. Ce sont ____________ on trouve au centre de la France. ____________ s'agit-il?
   → Il s'agit ____________.

Ex. 5: 1 **un illusionniste** [ɛ̃nilysjɔnist] ein Zauberkünstler – 2 **un chapeau** [ɛ̃ʃapo] ein Hut

6 Vendant des parapluies... (§§ 24, 25)

⟨**a** *Faites des phrases avec le **participe présent** dans votre cahier.*⟩

Exemple: *Vendant des parapluies, ce monsieur est content quand il pleut.*

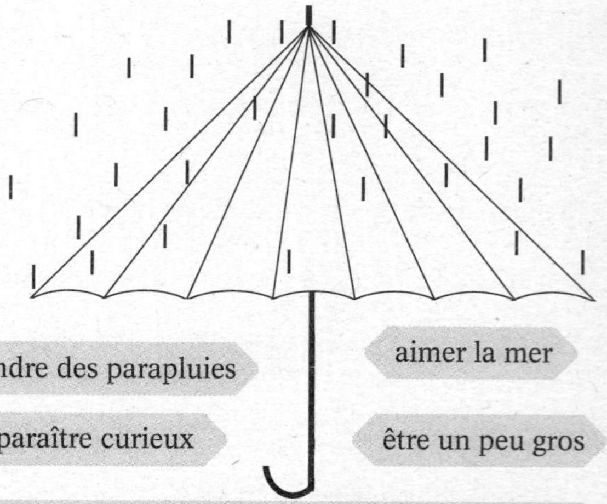

..., ce monsieur est content quand il pleut.
1. ..., elle s'ennuie un peu.
2. ..., ils sont allés habiter dans un phare.
3. ..., ce chien est devenu paresseux.
4. ..., il lui a offert ses livres.
5. ..., elle ne lui a pas posé de questions.

vendre des parapluies | aimer la mer | ne pas vouloir paraître curieux | être un peu gros | avoir bon cœur | ne pas avoir d'amis pendant les vacances

⟨**b** *Faites des phrases avec le **participe présent** dans votre cahier.*⟩

Exemple: *Elle a vu un film racontant l'amitié entre un garçon et un cheval.*

Elle a vu un film...
1. Ils voudraient vivre dans une maison...
2. Il n'aime pas les gens...
3. On aurait besoin de quelqu'un...
4. Les gens... peuvent nous envoyer une carte postale.
5. J'aime entrer dans cette maison...

avoir un jardin
sentir bon les jours heureux
ne pas avoir de caractère
savoir travailler à l'ordinateur
raconter l'amitié entre un garçon et un cheval
désirer participer à l'émission de télé

c *Lisez le texte suivant. Dans votre cahier, traduisez en allemand les morceaux de phrases en italique.*

Une jeune femme raconte:
1. *Désirant m'acheter un téléphone,* je suis allée dans un supermarché. 2. L'employé m'a montré une sorte de monstre avec lequel on pouvait parler très normalement à quelqu'un en le regardant sur un écran. 3. Il a ajouté que c'était un téléphone très moderne *permettant aussi d'apprendre le temps qu'il ferait le lendemain,* l'heure qu'il était à Moscou et ce que dirait le Président de la République six mois plus tard. 4. *Ne comprenant pas ce que voulait l'employé et pensant qu'il ne m'avait peut-être pas comprise,* je lui ai répété ce que je voulais. 5. *Surpris, il m'a répondu qu'il avait aussi des téléphones sachant en plus traduire des textes en plusieurs langues.*
6. Je lui ai alors dit que je préférais réfléchir encore. 7. Puis, j'ai quitté le supermarché *en rêvant d'un téléphone permettant... de téléphoner!*

7 Pour devenir animateur... (§§ 5, 25)

*Dans votre cahier, remplacez les expressions au **gérondif** ou au **participe présent** par des expressions équivalentes.*

1. Etre animateur dans un centre de vacances en France, c'est un petit travail pour les jeunes ayant envie de s'occuper d'enfants et prêts à être responsables d'un groupe.
2. Pour être animateur, il faut faire une formation et passer le BAFA. Cette formation étant chère, vous pouvez demander une aide à la ville où vous habitez.
3. Les jeunes qui ne pensent qu'à la mer et au soleil et qui croient que c'est un petit boulot d'été facile ne devraient pas faire cette formation.
4. Vous aurez moins de difficultés à faire cette formation
   - en cherchant un centre de vacances vous prenant pendant quelques semaines,
   - en vous adressant à des associations organisant des rencontres sportives,
   - en acceptant des moments de l'année et des lieux ne correspondant pas complètement à ce que vous désirez.

8 Textes et activités

Quels sont les rapports entre l'Alsace[1] et l'Allemagne? *(§§ 5, 25)*

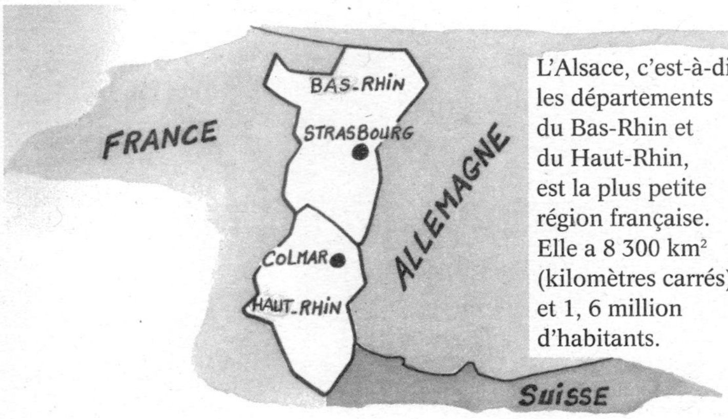

L'Alsace, c'est-à-dire les départements du Bas-Rhin et du Haut-Rhin, est la plus petite région française. Elle a 8 300 km² (kilomètres carrés) et 1, 6 million d'habitants.

a *Lisez le texte suivant.*

L'Alsace étant tout près de l'Allemagne, elle serait la région idéale pour faire disparaître[2] l'idée de frontière et pour jouer un rôle de pionnier en Europe. Mais aujourd'hui encore, il y a là-bas moins de ponts sur le Rhin que dans la ville de Cologne. Et bien que l'intégration avec le voisin allemand ait de plus en plus de succès, la résistance[3] des mentalités reste très forte.
Qu'est-ce que les Alsaciens attendent de la construction européenne? Pour beaucoup d'entre eux, ce sont des intérêts personnels dûs à la situation géographique: *en travaillant en Allemagne,* ils gagnent plus qu'en France et *en habitant en France,* ils paient moins d'impôts[4]. Mais la coopération[5] entre l'Allemagne et la France reste difficile. L'Alsace est pour et contre l'Europe. *Ayant changé plusieurs fois de pays,* elle a l'impression que ni les Allemands ni les Français ne la comprennent. Plus de 30 000 Alsaciens traversent le Rhin tous les jours pour gagner leur pain. *Les maisons en Alsace étant beaucoup moins chères qu'en Allemagne,* les Allemands, eux, en achètent beaucoup, ce qui fait monter les prix des maisons. En plus, *en achetant des terrains en Alsace,* les entreprises allemandes créent des emplois mais font augmenter[6] les prix des terrains. *Ayant acheté leur maison,* les Allemands arrivent souvent sans connaître la langue française. Les Alsaciens acceptent de moins en moins certains Allemands *s'installant en Alsace seulement pour y dormir et envoyant leurs enfants à l'école en Allemagne* parce que ceux-ci ont peu de contacts avec les gens des villages. Les Alsaciens veulent bien être européens, mais pas allemands.

b Vous ne connaissez pas tous les mots et expressions du texte, mais vous pouvez les comprendre par le contexte ou en pensant à des mots allemands qui leur ressemblent ou à des mots français de la même famille.
Donnez dans votre cahier la traduction allemande des mots et expressions suivants:

1. une frontière *(l. 3)*
2. un pionnier *(l. 3)*
3. le Rhin *(l. 5)*
4. l'intégration *(l. 6)*
5. une mentalité *(l. 8)*
6. un Alsacien *(l. 9)*
7. un intérêt *(l. 10)*
8. la situation géographique *(l. 10)*
9. faire monter (les prix) *(l. 15)*
10. un contact *(l. 19)*

c *Les morceaux de phrases du texte où apparaissent le gérondif ou le participe présent sont en italique. Remplacez ces morceaux de phrases par des propositions avec* comme, parce que, qui *ou* quand. *Ecrivez dans votre cahier.*

village alsacien

Exemple: L'Alsace étant tout près de l'Allemagne, elle serait la région idéale…

→ *Comme l'Alsace est tout près de l'Allemagne, elle serait la région idéale…*

d *Répondez aux questions suivantes en écrivant dans votre cahier.*

le Conseil de l'Europe à Strasbourg

1. Pourquoi l'Alsace pourrait-elle être la région idéale pour l'intégration européenne? Pour répondre, regardez aussi la carte.
2. Comment les Alsaciens et les Allemands profitent-ils de la situation géographique de leur région?
3. Que pourrait-on faire pour rendre plus faciles les rapports entre les Alsaciens et les Allemands?

Ex. 8 : 1 **L'Alsace** *(f.)* [lalzas] Elsass – 2 **faire disparaître qc** etw. verschwinden lassen – 3 **la résistance** [larezistɑ̃s] der Widerstand – 4 **un impôt** [ɛ̃nɛ̃po] eine Steuer – 5 **la coopération** [lakɔɔperasjɔ̃] die Zusammenarbeit
6 **faire augmenter qc** etw. in die Höhe steigen lassen

e Voici un dessin d'un Astérix en alsacien. Aujourd'hui, ce sont surtout les vieux qui parlent l'alsacien. Mais certains jeunes qui s'intéressent à la culture alsacienne veulent aussi parler cette langue.
Répondez aux questions suivantes dans votre cahier.

1. Que veulent dire les textes de ce dessin? *Essayez de les traduire en allemand.*
2. Le titre de cet Astérix est «De Asterix an de olympische Spieler». *Traduisez ce titre en allemand.*
3. A quelle langue ressemble l'alsacien?

9 Ecouter et comprendre: Moi, Léa, survivante du camp de concentration de Birkenau

une survivante [ynsyrvivɑ̃t] eine Überlebende
un camp de concentration [ɛ̃kɑ̃dkɔ̃sɑ̃trasjɔ̃] ein Konzentrationslager
Birkenau: jetzt in Polen, in der Nähe von Auschwitz

a *Pour mieux comprendre l'interview, lisez d'abord le texte suivant et la traduction des mots difficiles.*

En France, depuis 1940, les Juifs sont arrêtés par la Feldgendarmerie allemande ou par des Français. On les envoie dans le camp de Drancy près de Paris. De là, on les transporte vers l'est, vers les camps de concentration comme Birkenau et Auschwitz où les nazis les tuent puis les brûlent dans les fours crématoires.
Dans l'interview que vous allez entendre, Léa, une survivante d'un camp de concentration, parle de ses expériences.

un Juif, une Juive [ɛ̃ʒɥif, ynʒɥiv] ein Jude, eine Jüdin
arrêter qn jdn. festnehmen/verhaften
Drancy [drɑ̃si]
un nazi [ɛ̃nazi] ein Nazi (Nationalsozialist)
un four crématoire [ɛ̃furkrematwar] ein Krematorium, ein Verbrennungsofen
un soldat [ɛ̃sɔlda] ein Soldat
Reims [rɛ̃s] französische Stadt nordöstlich von Paris
une prison [ynprizɔ̃] ein Gefängnis
un Américain [ɛ̃namerikɛ̃] ein Amerikaner

b *Ecoutez l'interview une première fois.*

c *Lisez les questions suivantes, puis écoutez l'interview encore une fois. Prenez des notes en écoutant. Répondez aux questions dans votre cahier.*

1. Qu'est-ce que nous apprenons sur la famille de Léa avant qu'elle soit arrêtée?
2. Comment la famille a-t-elle été arrêtée et par qui?
3. Où est-ce que la famille a été transportée?
4. Quelle est la question qu'on pose souvent à Léa aujourd'hui et qu'est-ce qu'elle y répond?
5. Qu'est-ce que nous apprenons sur la vie dans le camp?
6. Comment Léa a-t-elle été sauvée et qu'est devenue sa famille?

10 Auto-contrôle

solutions p. 71

10. 1 Formez des mots *(Rév. 1)*

Formez des mots et cherchez chaque fois la forme masculine ou la forme féminine qui manque. Faites une liste dans votre cahier.

Exemple:

masculin	féminin
un animateur	*une animatrice*

adolesc- cop- champi- bourge- Allem- anima- employ- peint- Autrich- polic- Afric- Marseill- avoc- cous- parten- passag- enseign-

-onne -teur -ent -ier -ate -and -er -aire -oise -ine -re -ien -eur -aine -ante -ine -ais

10. 2 Les verbes «(se) battre[1]», «conquérir», «vaincre» et «convaincre» *(§§ 20, 21, 22)*

Un journaliste de sport parle du match Marseille-Orléans. *Complétez les phrases. Attention aux temps et aux modes.*

Avant le match de foot: «1. Je ______ (être convaincu) que l'équipe de Marseille ______ (conquérir/futur) la victoire[2] et que l'équipe d'Orléans ______ (vaincre/passif). 2. Ils ______ (se battre) et ils ______ (convaincre) le public qu'ils sont les meilleurs.»

Pendant le match: «3. Les joueurs de l'équipe d'Orléans ______ (se battre) comme des fous. 4. Ils ______ (conquérir) le respect[3] des spectateurs par leur jeu rapide. 5. Ils ______ (vaincre) toutes les difficultés. 6. Dixier, le joueur de Marseille au look d'enfer, ______ (conquérir) le cœur des dames, mais son comportement sur le terrain ne ______ (convaincre) pas tout le monde. 7. Il vaudrait mieux qu'il ______ (se battre) avec plus de caractère pour son équipe. 8. Il faut que l'équipe de Marseille ______ (convaincre) le public de sa force et de la qualité de son art.»

A la fin du match:«9. Ouiiiiiiii!!!!!! Les Marseillais ont gagné! Ils ______ (vaincre) les joueurs d'Orléans! 10. Mesdames, messieurs, ils ______ (se battre tous) avec courage et ce sont les Marseillais qui ______ (conquérir) la victoire 4 à 0! Merveilleuse victoire pour nos amis de Marseille!»

10. 3 «Lequel» pronom interrogatif *(§ 23)*

Comme dans d'autres pays, il y a une nouvelle mode en France: les cybercafés[1]. Il y a de plus en plus de cybercafés à Paris: on y boit un verre et on y mange en surfant[2] sur l'Internet[3].
Un client qui entre pour la première fois dans un cybercafé pose des questions sur ce qu'il faut faire.
Complétez les phrases avec les différentes formes du pronom interrogatif lequel, duquel, auquel.

1. Je voudrais m'installer à un ordinateur. ______ est-ce que je peux prendre ?
2. J'ai ici quelques adresses. Avec ______ avez-vous déjà fait des expériences?
3. On m'a dit qu'au début, on avait quelquefois des problèmes avec les images. ______?
4. Je préférerais écrire en français, mais je sais aussi l'anglais. ______ de ces deux langues est-ce qu'il vaut mieux choisir?
5. Il y a des groupes dans lesquels on discute avec des personnes compétentes de certains problèmes techniques. ______ de ces discussions[4] avez-vous déjà participé?
6. On a dit à la radio qu'il y a eu des problèmes à cause d'un livre publié sur l'Internet. ______ s'agit-il?

Ex. 10. 2: 1 **se battre** kämpfen – 2 **la victoire** [laviktwar] der Sieg – 3 **le respect** [lərɛspɛ] der Respekt, die Achtung
Ex. 10. 3: 1 **un cybercafé** [ẽsibɛrkafe] ein Cybercafé, *ein Lokal, in dem auch Computer mit Internet-Zugang stehen*
2 **surfer** [sœrfe] surfen – 3 **l'Internet** [lẽtɛrnɛt] das Internet – 4 **une discussion** [yndiskysjõ] eine Diskussion

10. 4 Le participe présent *(§ 25)*

Lisez les annonces. Dans votre cahier, faites des phrases complètes: Remplacez les participes présents par des subordonnées relatives.

Exemple:

Une femme au chômage cherche des personnes qui désirent créer une petite entreprise de publicité avec elle.

Femme au chômage cherche personnes désirant créer une petite entreprise de publicité avec elle…

1.
Quelle **j. f.** ou quel **j. h.** n'ayant pas peur des chiens et aimant les enfants pourrait s'occuper de nos deux fils au mois d'août? S'adresser à…

2.
Etudiant sachant l'allemand et l'anglais cherche emploi dans un centre de vacances en Allemagne ou en Angleterre.

3.
2 g. et 2 f. déçus par les journaux s'adressant aux jeunes cherchent d'autres jeunes pour fonder un nouveau journal. Acceptons les jeunes n'ayant pas d'expérience du métier de journaliste.

11 Révision solutions p. 71

11. 1 Les temps du passé *(Rév. 14, 15)*

Complétez les phrases suivantes en mettant les verbes donnés à ***l'imparfait,*** *au* ***passé composé*** *ou au* ***plus-que-parfait.***

Une jeune fille raconte:

«1. Quand j'avais 25 ans, je ______ (vivre) sans trop penser au temps qui ______ (passer).

2. Quelques mois avant ce moment important de ma vie dont je veux parler, je ______ (se mettre) à faire des études de géographie, mais comme cela ne m'______ (intéresser) pas vraiment, je les ______ (interrompre) assez vite. 3. Je ne ______ (savoir) pas que faire. 4. Avec des copines, nous ______ (se renseigner) pour partir en Espagne. 5. Tout ______ (être) prêt, j'______ (partir) quelques jours plus tard, quand j'______ (avoir) un accident grave.

6. J'______ (devoir) rester six mois à l'hôpital. 7. Au début, j'étais très triste parce que mes copines ______ (partir) sans moi. 8. Moi, je ______ (se retrouver) toute seule et malade.

9. C'est à ce moment-là que j'______ (commencer) à beaucoup réfléchir. 10. Peu à peu, j'______ (comprendre) beaucoup de choses. 11. Je ______ (se mettre) à trouver les petits problèmes de la vie quotidienne moins importants et à voir plus loin devant moi. 12. C'est à partir de ce moment-là que j'______ (décider) de toujours me poser beaucoup de questions avant d'accepter les choses comme elles ______ (se présenter) d'abord à moi et de vivre vraiment. 13. Depuis ce temps-là, la vie ______ (devenir) plus belle à mes yeux.»

11. 2 La concordance des temps dans le discours indirect *(Rév. 16)*

Annette n'a plus de nouvelles de Philippe, le garçon avec qui elle sortait. Elle est allée voir leur ami Mourad pour lui demander s'il savait quelque chose. Mais Mourad n'était pas chez lui. Quand il est rentré, il a trouvé la petite lettre qu'Annette lui avait laissée et il a tout de suite téléphoné à Philippe pour lui raconter ce qu'Annette lui avait écrit. Que dit-il à Philippe?
Lisez les textes suivants, puis mettez le texte de la lettre au discours indirect. Commencez comme ça: «En rentrant, j'ai trouvé une petite lettre d'Annette. Elle m'a écrit qu'elle…» *Ecrivez dans votre cahier.*

Salut Mourad!

Je suis passée ce soir parce que j'avais fini mes devoirs assez vite. Est-ce que tu sais où est Philippe? Hier, je voulais lui parler, mais à chaque fois que je voulais le joindre, il n'était pas là. Aujourd'hui encore, je l'ai cherché partout. Qu'est-ce qu'il fait? Qu'est-ce qui s'est passé? Pourquoi est-ce qu'il ne me téléphone pas? Est-ce que tu pourrais me téléphoner quand tu auras lu cette lettre? De toute façon, je passerai demain chez toi pour te demander si tu sais quelque chose.

Je t'embrasse.

Annette

11. 3 Les pronoms interrogatifs *(Rév. 8)*

Voici des phrases qu'on peut entendre dans une librairie[1]. *Complétez-les avec des pronoms interrogatifs.*

Ce que dit le commerçant:

1. ______________ désirez-vous?
2. ______________ vous voulez offrir ce livre?
3. ______________ vous intéresserait?
4. ______________ vous pensez?

Ce que dit le client/la cliente:

5. ______________ je pourrais prendre si je ne trouve pas ce livre?
6. ______________ de neuf, cette saison?
7. ______________ a écrit le roman «Berlin, dernière»?
8. ______________ vous me proposez comme auteur?
9. Il y a deux nouvelles qui m'intéressent. ______________ est la meilleure?
10. Vous me parliez de livres sur le sport. ______________ pensiez-vous?
11. On a fait un film d'un des romans de cet auteur. ______________?

Ex. 11. 3: 1 **une librairie** [ynlibrɛri] eine Buchhandlung

⟨11. 4 Contrôle combiné: Le participe présent, le gérondif, «après avoir/être», «avant de faire qc» et la combinaison de deux pronoms objets *(§ 25, Rév. 5, 13)* ⟩

Voici la lettre de Julien à sa tante Florence.

a *Complétez le texte. Employez deux pronoms objets. Transformez les propositions subordonnées en employant le gérondif et remplacez les participes présents par d'autres expressions.*

Chère Florence!

1. En ce moment, j'ai un projet très intéressant. 2. J'aimerais un peu ________ parler, mais avant, je voudrais te dire un grand merci pour ta dernière lettre! 3. Je suis en train d'essayer d'écrire une nouvelle ________ (racontant) les aventures d'un garçon dans un monde très curieux. 4. J'ai eu l'idée de cette histoire ________ (de la façon suivante: j'ai fait un rêve super) il y a quelques temps.

5. Il s'agit donc d'un garçon qui rêve d'avoir un nouveau logiciel[1] ________ (permettant de) mettre immédiatement en images les histoires qu'on raconte devant un micro. Le garçon ne peut pas ________ acheter. 6. Comme ses parents ne veulent pas ________ offrir, il décide de travailler la nuit. 7. Il veut gagner de l'argent. 8. Il ne ________ parle pas. 9. ________ (ayant trouvé) une annonce, il cherche l'adresse donnée. 10. Il passe dans des rues qu'il n'a encore jamais vues, puis il arrive enfin devant une immense maison ________ (ressemblant) à un château. 11. Là-bas, un homme au visage de monstre, mais très bien habillé ________ (parlant) parfaitement l'anglais lui ouvre la porte.

12. Ils traversent de nombreuses pièces, puis ils arrivent dans le salon. 13. Le garçon hésite un peu, puis il entre dans la grande pièce. 14. D'autres personnages très bizarres ________ reçoivent très amicalement.

15. ________ (quand il les voit), le garçon est un peu surpris, mais ________ (ne voulant pas) abandonner son idée, il leur demande s'il peut travailler pour eux. 16. A ce moment-là, un monsieur ________ (paraissant) très vieux fait un geste en direction d'une table. 17. Le garçon aperçoit alors sur cette table un ordinateur et un micro.

18. Voilà le début de ma nouvelle. J'ai déjà une idée de la suite de l'histoire, mais je préfère ne pas encore ________ raconter. 19 . D'ailleurs ________ (si j'écris) un peu tous les jours, j'aurai bientôt terminé ma nouvelle. 20. Ce projet est encore secret, et s'il te plaît, si tu vois ma chère mère, ne ________ parle pas…

Je t'embrasse,

Julien

b *Dans votre cahier, transformez les phrases n° 2, 10, 12 et 13 en employant* avant de faire qc *et* après avoir/être.

c *Dans votre cahier, reliez*[2] *les phrases 6, 7 et 8 en employant* pour faire qc *et* sans faire qc.

Ex. 11. 4: **1 un logiciel** [ɛ̃lɔʒisjɛl] Software – **2 relier** [rəljel verbinden

Extraordinaire!

1 Hiver 54

Emmaüs à Neuilly-Plaisance

Relisez le texte aux pages 64 et 65 de votre livre et répondez aux questions suivantes dans votre cahier.

1. Pourquoi la situation du 31 janvier 1954 à Paris demande-t-elle des actions immédiates?
2. Pourquoi les chiffonniers s'adressent-ils à l'Abbé Pierre?
3. Comment l'Abbé Pierre arrive-t-il à passer à la radio?
4. Dites en quelques mots ce que l'Abbé Pierre demande aux Français dans le message de 12 h 45?
5. L'Abbé Pierre a encore une autre idée. Laquelle?
6. Comment les auditeurs réagissent-ils aux appels de l'Abbé Pierre?

2 Les rêves de Ludo *(§ 26)*

a Ludo parle de son professeur idéal. Il dit ce que ce professeur ferait faire à ses élèves et ce qu'il leur laisserait faire. Que dit Ludo? *Transformez les phrases et employez* ***faire faire*** *et* ***laisser faire.***
Commencez comme ça: «1. Ce prof nous laisserait travailler à notre rythme…» *Ecrivez dans votre cahier.*

b *Soyons sérieux maintenant! Comment serait pour vous le professeur idéal? Que vous ferait-il faire et que vous laisserait-il faire?*

3 Futur métier: judoka[1]! (§ 26)

Manon est très bonne en sport. Elle voudrait devenir judoka professionnelle. La mère de Manon téléphone à M. Calme, le prof de sport, pour lui demander des conseils pour préparer l'avenir de sa fille. *Imaginez les conseils de M. Calme. Faites dix phrases et employez plusieurs fois* ***faire faire*** *et* ***laisser faire.*** *Ecrivez dans votre cahier.*

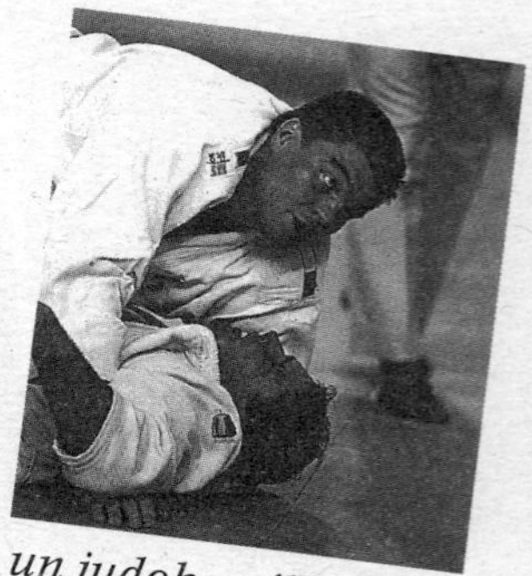

un judoka célèbre: David Douillet [davidduje]

Exemple: → *Faites-lui faire du judo plusieurs fois par semaine.*

Voici quelques idées:

. faire du judo[2] plusieurs fois par semaine
1. rencontrer des amis
2. vivre le plus normalement possible
3. manger beaucoup de fruits et de légumes
4. faire du judo dans un bon club
5. ne pas rentrer trop tard le soir
6. ne pas lui demander de trop travailler
7. ne pas faire que du sport
8. décider elle-même

4 Une surprise (§ 27)

a *Lisez le texte.*

1. Il arriva là en pleine nuit. 2. La porte du monastère[1] était un peu ouverte. 3. Quand il fut entré, il se sentit mieux. 4. Il ferma les yeux et se rappela une dernière fois tous ceux qu'il avait laissés derrière lui et qu'il voulait fuir. 5. Ici, on l'attendait. 6. Il se retourna encore une fois et vit le chien qui l'avait suivi jusqu'ici. 7. Il ne voulait pas qu'il vienne avec lui. 8. Après qu'il eut essayé de le chasser, il se retourna pour chercher sa cellule[2], car il connaissait le lieu. 9. C'était là qu'il chercherait Dieu. 10. Quand il eut fait quelques pas[3], il remarqua qu'il s'était trompé de chemin. 11. Il arriva dans la haute chapelle[4] où se trouvaient déjà quelques personnes qui priaient[5]. 12. Au bruit qu'il avait fait, ils levèrent la tête… et il eut peur, car il les reconnaissait tous.

D'après «Le mur de clôture»
de Gilbert Cesbron

b Le personnage dont il s'agit écrit maintenant une lettre. Il y raconte son arrivée au monastère dans la langue de tous les jours. *Ecrivez cette lettre dans votre cahier et employez le passé composé, l'imparfait et le plus-que-parfait. Commencez comme ça:* «Je suis arrivé en pleine nuit…»

⟨**c** *Répondez aux questions suivantes dans votre cahier.*⟩
1. A votre avis, pourquoi le personnage de cette histoire entre-t-il au monastère?
2. D'après vous, que veut dire: «il les reconnaissait tous»?

5 Au cirque[1] (§ 28)

a *Complétez les bulles[2] du dessin page 47 avec* ***l'impératif*** *des verbes* ***avoir, être, vouloir*** *et* ***savoir.***

b *Regardez le dessin du cirque et répondez aux questions suivantes dans votre cahier. Employez les verbes* ***avoir, être, vouloir*** *et* ***savoir*** *au* ***subjonctif.*** *Le numéro des questions correspond au numéro des personnages et des bulles.*

Exemple: *Sois* gentil, *passe*-moi le programme!
Qu'est-ce qu'elle *attend* du petit garçon?
→ *Elle attend de lui qu'il soit gentil et qu'il lui passe le programme.*

1. Que craint-il?
2. Qu'est-ce qui est nécessaire?
3. Qu'est-ce qu'elle trouve désagréable?
4. Qu'est-ce qu'il faut absolument?
5. Qu'est-ce qu'il veut?
6. Qu'est-ce qu'il attend de ses copains et de lui-même?
7. Qu'est-ce qu'il voudrait?
8. Qu'est-ce qu'elle souhaite?

Ex. 3: 1 **un judoka, une judoka** [ɛ̃ʒydɔka...] ein Judokämpfer, eine Judokämpferin – 2 **le judo** [ləʒydo] Judo
Ex. 4: 1 **un monastère** [ɛ̃mɔnastɛr] ein Kloster – 2 **une cellule** [ynselyl] eine Zelle – 3 **un pas** [ɛ̃pa] ein Schritt
4 **une chapelle** [ynʃapɛl] eine Kapelle – 5 **prier** [prije] beten
Ex. 5: 1 **un cirque** [ɛ̃sirk] ein Zirkus – 2 **une bulle** [ynbyl] *hier:* eine Sprech- oder eine Denkblase

*Maintenant, n'oubliez pas de faire la partie **b** de l'exercice à la page 46!*

6 *Ecouter et comprendre: Une chanson de Céline Dion*[1]

a *Lisez le titre de la chanson. A votre avis, de quoi la chanson va-t-elle parler? Ecrivez dans votre cahier.*

b *Ecoutez la chanson une première fois. Comment trouvez-vous la musique?*

c *Ecoutez la chanson encore une fois et lisez le texte en même temps. De quoi la chanson parle-t-elle?*

d Il y a une idée qui revient toujours dans cette chanson et que l'on trouve par exemple dans les phrases: «Je ne suis pas les autres» *(l. 26)*, «Je m'inventerai reine» *(l. 46)*, «Je me ferai nouvelle» *(l. 48)*, «Je deviendrai ces autres» *(l. 50)*, «Je me changerai en or» *(l. 56)*. *Répondez aux questions suivantes dans votre cahier:*
1. Exprimez cette idée avec vos propres mots.
2. A votre avis, est-ce qu'elle a raison? Expliquez votre réponse.

e *Imaginez que votre amie française dise cela. Ecrivez-lui une lettre dans votre cahier.*

POUR QUE TU M'AIMES ENCORE

J'ai compris tous les mots,
j'ai bien compris, merci
Raisonnable et nouveau,
c'est ainsi par ici
Que les choses ont changé,
que les fleurs ont fané
Que le temps d'avant,
c'était le temps d'avant
Que si tout zappe et lasse,
les amours aussi passent

Il faut que tu saches

J'irai chercher ton cœur
si tu l'emportes ailleurs
Même si dans tes danses
d'autres dansent tes heures
J'irais chercher ton âme
dans les froids dans les flammes
Je te jetterai des sorts
pour que tu m'aimes encore

Fallait pas commencer
m'attirer me toucher
Fallait pas tant donner
moi je sais pas jouer
On me dit qu'aujourd'hui
on me dit que les autres font ainsi
Je ne suis pas les autres
Avant que l'on s'attache,
avant que l'on se gâche
Je veux que tu saches

J'irai chercher ton cœur
si tu l'emportes ailleurs
Même si dans tes danses
d'autres dansent tes heures
J'irai chercher ton âme
dans les froids dans les flammes
Je te jetterai des sorts
pour que tu m'aimes encore

Je trouverai des langages
pour chanter tes louanges
Je ferai nos bagages
pour d'infinies vendanges
Les formules magiques
des marabouts d'Afrique
J'les dirai sans remords
pour que tu m'aimes encore

Je m'inventerai reine
pour que tu me retiennes
Je me ferai nouvelle
pour que le feu reprenne
Je deviendrai ces autres
qui te donnent du plaisir
Vos jeux seront les nôtres
si tel est ton désir
Plus brillante plus belle
pour une autre étincelle
Je me changerai en or
pour que tu m'aimes encore.

faner: verwelken
zapper: zappen
lasser: ermüden, *hier:* gesättigt werden
ailleurs, hier: woanders hin
une âme: eine Seele
le froid: die Kälte
jeter un sort à qn: jdn. verzaubern, verhexen
toucher qn: jdn. berühren
faire ainsi: so handeln
s'attacher: sich gefühlsmäßig anbinden
se gâcher: hier: sich gegenseitig fertig machen
un langage: eine Sprache
une louange: ein Loblied
infini: unendlich
une formule magique: ein Zauberspruch
un marabout: ein Marabut, ein mohammedanischer Heiliger
un remords: ein Schuldgefühl
retenir qn: jdn. behalten
reprendre: hier: neu entbrennen
si tel est ton désir: wenn du es so wünschst
une étincelle: ein Funke
l'or: das Gold

Ex. 6: 1 **Céline Dion** [djõ] *kanadische Sängerin*

7 Textes et activités

Présenter un texte

Vous devez présenter le texte «Faut-il protéger la chanson française?» à vos camarades.

a *Relisez d'abord la partie 1 des stratégies à la page 58 de votre livre.*
Notez dans votre cahier...

1. ...le sujet principal du texte,
2. ...les aspects importants du texte,
3. ...les arguments des jeunes pour et contre la loi.

b *Relisez maintenant la partie 2 des stratégies, puis présentez le texte devant la classe.*

Faut-il protéger la chanson française?

Depuis le 1er janvier 1996, les radios françaises doivent passer 40% de chansons françaises, dont la moitié de «nouveaux talents». Par cette loi, on a voulu protéger la chanson française parce qu'on entendait de plus en plus de chansons en anglais à la radio et de moins en moins de chansons en français. Mais tout le monde n'est pas d'accord avec cette loi, par exemple les radios. Pour elles, il est impossible de respecter[1] ce chiffre de 40% parce que les auditeurs ne s'intéressent pas aux chanteurs français. Mais si on laisse les choses comme ça, une partie de la culture française disparaîtra et on n'entendra plus que des chansons en anglais. Les nouveaux talents ne pourront pas non plus réussir.
Que pensent les jeunes de cette loi? Des jeunes en ont discuté. Voici leur avis:

Cédric: Avec cette loi, nous ne sommes plus libres de choisir ce que nous voulons écouter. Quand nous écoutons la radio, on nous contraint à écouter un style de musique qui n'est pas le nôtre[2], nous devons écouter de la chanson française.

Franck: Tout de suite les grands mots! Tu oublies que la loi ne parle que de 40% des chansons françaises. Elle permet de sauver cette forme d'expression. Et il reste quand même aux radios 60% de leur temps pour nous passer des chansons en anglais, par exemple. C'est plus de la moitié de la journée.

Olivier: Tu parles de chiffres, mais il s'agit de liberté. On commence par imposer des quotas[3] pour la musique, puis on imposera des quotas pour les livres, puis pour les hommes. Il faut lutter contre cette loi.

Sébastien: Mais au contraire! Cette loi permet le mélange des cultures. Comme ça, une radio devra passer toutes les formes de musique.

Isabelle: C'est bien beau, tout ça, mais comment est-ce que les radios pourront trouver les 40% de chanteurs de bonne qualité? Elles vont passer des chanteurs de mauvaise qualité ou des chanteurs à qui les jeunes ne s'intéressent pas du tout. Je ne pense pas qu'elles auront le courage de mettre au programme des petits groupes pour leur donner une chance.

Sébastien: Mais aujourd'hui, c'est la même chose. A la radio, on entend toujours les mêmes 20 groupes. Les radios ne découvrent pas les nouveaux petits groupes anglais. Alors, laissons une chance à cette loi.

Isabelle: La seule solution, c'est qu'on donne de l'argent pour créer des studios, des salles dans lesquelles les nouveaux groupes puissent jouer. La loi et les quotas ne servent à rien.

D'après un article de P. Junghans
paru en Mars 1996

Ex. 7: 1 **respecter qc** [rɛspɛkte] *hier:* einer Sache Rechnung tragen – 2 **le nôtre** [lənotr] unser, der unsrige
3 **un quota** [ɛ̃kɔta] eine Quote

8 Auto-contrôle

solutions p. 71

8. 1 «Faire faire» et «laisser faire» *(§ 26)*

Un jeune professeur se présente au proviseur[1] de son école. Celui-ci lui donne quelques conseils. Faire faire *ou* laisser faire*? Complétez et ajoutez les pronoms* lui, le *ou* leur.

Le proviseur: A notre école, les élèves ne font pas de problèmes. 1. Mais il faut leur faire ______________ comprendre tout de suite que vous ne ______________ pas faire tout ce qu'ils veulent.

Le jeune prof: Bien sûr, mais les habitudes sont différentes d'une école à l'autre... Les élèves aussi...

Le proviseur: 2. C'est vrai. Eh bien par exemple, ne ______________ pas entrer dans la salle de classe avant la fin de la récréation. 3. Et ne ______________ pas entrer tous en même temps. 4. Ne ______________ pas bavarder et ______________ montrer leurs devoirs. 5. Si une classe jette souvent des papiers par terre, ______________ tout ramasser[2] avant de commencer le cours.

Le jeune prof: Est-ce qu'on leur donne beaucoup de devoirs, ici?

Le proviseur: 6. Non. Ne ______________ pas faire trop de devoirs. Ils ont besoin de temps libre. 7. Mais si vous voulez qu'ils apprennent leurs leçons, il faut ______________ faire des contrôles assez souvent.

8. 2 Le passé antérieur *(§ 27)*

a *Lisez le texte.*

Le jardin du bonheur

1. Il y avait une fois un roi qui voulait absolument connaître le bonheur. 2. Quand il se fut consacré à tous les jeux et aux arts connus de son époque, quand il eut mangé des plats de tous les pays, quand il eut rencontré tous les grands de ce monde et quand il fut devenu très riche, il devint très triste. 3. Il se mit à croire que le bonheur avait été inventé par des fous qui voulaient se moquer des rois comme lui. 4. Après qu'il eut découvert cette dure vérité, le roi alla s'asseoir dans son jardin qu'il n'avait pas visité depuis très longtemps. 5. Il se promit alors de ne plus courir à la recherche du bonheur. 6. Dès qu'il[1] eut décidé cela, le roi se mit à pleurer. 7. Mais voilà qu'à travers ses larmes, le roi se mit à découvrir la beauté des fleurs et des arbres. 8. Il avait un peu l'impression qu'il entendait pour la première fois les oiseaux de son merveilleux jardin et les voix des gens qui travaillaient gaiement. 9. Après qu'il eut découvert le bonheur, le roi commença à planter de nouvelles fleurs dans son jardin.

b *Dans ce texte, il y a quatre phrases avec un ou plusieurs verbes au passé antérieur. Cherchez, puis traduisez ces phrases. Ecrivez dans votre cahier.*

8. 3 L'impératif des verbes «avoir», «être», «savoir» et «vouloir» *(§ 28)*

1. Madame, ne ______________ pas surprise en découvrant cette lettre et n'______________ pas peur d'y lire des choses désagréables. ______________ avant tout que je pense beaucoup à vous... Je vous en prie, ______________ demain à notre rendez-vous. ______________ recevoir, Madame, mes salutations distinguées[1].

2. Ne ______________ pas bêtes et n'______________ pas l'air de faire ce travail pour la première fois.

3. Ne ______________ pas imprudent, mais ______________ quand même le courage de dire ce que tu penses.

Ex. 8. 1: 1 **un proviseur** [ɛ̃prɔvizœr] ein Schulleiter (lycée) – 2 **ramasser qc** [ramase] etw. aufheben
Ex. 8. 2: 1 **dès que** [dɛkə] sobald
Ex. 8. 3: 1 **...distinguées** [distɛ̃ge] Mit freundlichen Grüßen/Hochachtungsvoll

9 Révision solutions p. 72

9. 1 Les compléments du verbe *(Rév. 19)*

Traduisez dans votre cahier.

1. Eine Journalistin besucht einen alten Schauspieler (un acteur). 2. Sie fragt ihn, ob es ihm gut gehe, und er antwortet ihr, dass er keine Probleme habe. 3. Aber die Journalistin glaubt ihm nicht. 4. Sie weiß, dass es nicht ganz der Wahrheit entspricht (dass er sie belügt). 5. Er will nicht, dass ihm jemand hilft. 6. Niemand besucht ihn und niemand ruft ihn an. 7. Die Journalisten folgen ihm nicht mehr auf der Straße und niemand hört ihm mehr zu. 8. Das Publikum hat ihm jahrelang applaudiert. 9. Er hoffte, dass er noch einige kleine Rollen in kleinen Filmen spielen könnte, aber heute erlaubt (autoriser) man ihm nicht einmal mehr, in Filmen für die Werbung aufzutreten (zu erscheinen).

⟨9. 2 Contrôle combiné: «faire faire», «laisser faire», les degrés de l'adjectif et de l'adverbe et les compléments du verbe *(§ 26, Rév. 9, 10, 19)*⟩

Un des médecins d'un hôpital pour les enfants raconte.

⚠

le plus		adjectif			
le moins	+	ou	+	**possible**	→ **so … wie möglich**
aussi		adverbe			

Complétez le texte. Mettez faire ou laisser et choisissez la bonne préposition.

«1. Quelquefois, je n'arrive pas à/de me consacrer vraiment à ma famille parce que je ne réussis pas toujours à/de oublier ce qui s'est passé à l'hôpital. 2. Bien sûr, s'il y a un problème, on n'hésite pas à/de me __________ (faire? laisser?) venir même au milieu de la nuit. 3. Mon métier ne me permet pas à/de me reposer __________ (so) __________ (lange wie) je le voudrais. 4. On ne me __________ (faire? laisser?) jamais dormir __________ (länger als (wörtlich: mehr als)) 7 heures par nuit. 5. A mon hôpital, nous faisons tout pour que les enfants se sentent __________ (so wohl (gut) wie möglich/möglichst wohl (gut)) et on essaie de changer __________ (so selten wie möglich/möglichst selten) les habitudes des enfants. 6. On les __________ (faire? laisser?) par exemple dormir le matin. 7. On __________ (faire? laisser?) quelquefois venir des musiciens[1] pour __________ (faire? laisser?) écouter de la musique aux enfants. 8. De temps en temps, on invite aussi un clown pour les __________ (faire? laisser?) rire. 9. On les __________ (faire? laisser?) dessiner parce que ça les aide à/de guérir[2] et ça nous permet à/de __________ (besser) les comprendre. 10. On __________ (faire? laisser?) les parents passer la nuit avec leurs enfants s'ils le désirent. 11. Bien sûr, le travail n'est plus __________ (nicht mehr so schwierig wie) au début. 12. Mais avec le temps, on n'a pas __________ (weniger Schwierigkeiten) à se consoler et on n'a pas au moins __________ (so viele) __________ (Probleme). 13. __________ (das Härteste), c'est quand un enfant meurt. 14. __________ (die besten Augenblicke) sont ceux où un enfant très malade se remet à/de aimer la vie. 15. Bien sûr, il y a des métiers __________ (weniger schwierig) et __________ (angenehmer) pour la famille, mais je ne voudrais pourtant pas en faire un autre. 16. Ce qui ne m'empêche pas à/de me plaindre quelquefois de ce travail qui ne me __________ (faire? laisser?) pas vivre tranquillement ma vie!»

Ex. 9. 2: 1 **un musicien** [ɛ̃myzisjɛ̃] ein Musiker – 2 **guérir** [gerir] heilen

Voyage en francophonie

1 Gardez la forme! *(§ 12, Rév. 20, 21)*

a *Dans l'exercice 1 de la page 81 du livre de l'élève, il y a des conseils pour faire des cartes montrant la* ***conjugaison*** *des verbes. Lisez ces conseils encore une fois avant de lire ce qui suit.*

1. Ecrivez le verbe avec ses compléments[1].
   Exemple: Ecrivez «sentir **qc**» ou «donner **qc à qn**»
2. N'oubliez pas de mettre à toutes les formes du verbe le pronom réfléchi[2] quand il s'agit d'un verbe pronominal[3]
   Exemple: Ecrivez «**se** taire», «je **me** tairai» etc.
3. Faites des flèches entre différentes formes d'un verbe seulement quand ces formes sont régulières[4].
   Exemple: sentir → je sentirai   savoir ▪ je saurai
4. Sur l'autre côté de votre carte, mettez les expressions utiles dans lesquelles on trouve ce verbe. Comme cela, vous faites aussi une révision de vocabulaire.
   Exemple: Sur l'autre côté de la carte pour le verbe «passer», vous pouvez écrire:
   - passer (à la maison): (bei jdm. zu Hause) vorbeigehen/vorbeikommen
   - passer en seconde: in die „seconde" versetzt werden
   - Qu'est-ce qui se passe? Was geht hier vor? Was ist los? etc.
5. Faites des **photocopies**[5] du modèle de carte dans le bas de cette page. Employez ces photocopies pour faire les autres cartes. Collez[6] ces photocopies sur des fiches[7] Bien sûr, vous pouvez aussi faire ces cartes sur ordinateur.
6. Vérifiez bien qu'il n'y a pas de fautes sur vos cartes. Peu à peu, faites des cartes pour toutes les sortes de conjugaison des verbes.

b *Faites maintenant des cartes pour les verbes suivants:* se lever, espérer, jeter, employer, répondre, finir, s'en aller, craindre, vivre, courir, s'asseoir.

________________	________________ (en allemand)	*infinitif*
	je/j' ________________	*futur simple*
présent	**je/j'** ________________	*conditionnel*
je/j' ________________	________________	*impératif singulier*
tu ________________		
il/elle/on ________________		
nous ________________	**je/j'** ________________	*imparfait*
	en ________________	*gérondif*
vous ________________		
ils/elles ________________	**que je/j'** ________________	*subjonctif*
	que nous ________________	
passé composé	**je/j'** ________________	*plus-que-parfait*
je/j' ________________	**je/j'** ________________	*futur antérieur*
	je/j' ________________	*conditionnel du passé*

Ex. 1: 1 **un complément** [ɛ̃kɔ̃plemɑ̃] eine Ergänzung – 2 **un pronom réfléchi** ein Reflexivpronomen – 3 **un verbe pronominal** ein reflexives Verb – 4 **régulier, régulière** [regylje, regyljɛr] regelmäßig – 5 **une photocopie** [ynfɔtɔkɔpi] eine Fotokopie 6 **coller qc** [kɔle] etw. aufkleben – 7 **une fiche** [ynfiʃ] eine Karteikarte (*hier: DIN A5*)

2 A la vôtre! *(§ 30)*

Complétez par des ***déterminants possessifs*** *ou des* ***pronoms possessifs****.*

Un vieux chat: 1. Mes __________ (1e pers. sing.) oreilles ne sont encore pas mal pour mon âge!

Un autre vieux chat: 2. C'est vrai! Au moins, les les tiennes __________ (2e pers. sing.) entendent mieux que __________ (1e pers. sing.)! 3. Mais celles du chat du voisin sont dix fois meilleures encore. 4. Avec __________ (3e pers. sing.), il entend toutes les souris du quartier!

Anne: 5. J'ai un problème. Je déteste __________ (1e pers. sing.) blouson!

Son frère: 6. Qu'est-ce qu'il a? Il est bien, __________ (2e pers. sing.) blouson!

Anne: 7. Tu parles! Il est trop neuf! J'ai toujours l'impression que ce n'est pas __________ (1e pers. sing.).

Le frère: 8. Tu peux peut-être demander à __________ (2e pers. sing.) amie Lisa qu'elle te passe __________ (3e pers. sing.)!

Anne: 9. Bof! Je n'aime pas trop __________ (3e pers. sing.) affaires. 10. Je préfère __________ (2e pers. sing.). 11. Dis, si j'ai besoin d'un blouson, tu me passes __________ (2e pers. sing.)? 12. J'aime bien __________ (3e pers. sing.) style!

Le frère: 13. D'accord, je te prête même tous __________ (1e pers. sing.) vêtements! 14. Comme ça, quand tu laveras __________ (2e pers. sing.), tu pourras t'occuper __________ (1e pers. sing.) en même temps!

15. Je lève mon verre à __________ (2e pers. plur.) santé!

16. A __________ (2e pers. plur.)! Alors, comment vont __________ (2e pers. plur.) petits monstres?

17. Très bien! __________ (1e pers. plur.) filles marchent déjà sur trois jambes! Et __________ (2e pers. plur.)?

18. __________ (1e pers. plur.) font de merveilleuses bêtises! Nous en sommes très fiers!

Stéphane: 19. Mes cousins m'ont invité chez eux. Et puis j'ai vu la petite ville où ils habitent. A côté de __________ (3e pers. plur.), __________ (1e pers. plur.) est immense! 20. __________ (3e pers. plur.) est très loin du reste du monde. 21. Pour aller voir __________ (3e pers. plur.) amis, ils doivent prendre __________ (3e pers. plur.) voiture et rouler pendant plusieurs heures. 22. Quand ils sont malades, ils doivent aussi faire des kilomètres pour aller voir __________ (3e pers. plur.) médecin. 23. __________ (1e pers. plur.) est dans __________ (1e pers. plur.) rue!

24. __________ (3e pers. plur.) vie et __________ (3e pers. plur.) habitudes sont bien sûr différentes des __________ (1e pers. plur.). Mais nos rêves ressemblent sûrement aux __________ (3e pers. plur.).

3 *La fusée[1] «Ariane[2] 5»* *(§§ 32, 33)*

«tout» adverbe

Elle est toute contente.
Elles sont toutes contentes.
Mais:
Elle est tout autre/heureuse.
Ils sont tout contents.

«tout» pronom indéfini

Il les a tous/toutes invité(e)s.
Ils/elles sont tous/toutes venu(e)s.
Tous/toutes sont venu(e)s.

«tout» déterminatif indéfini

tout le temps
toute la semaine
tous les jours
toutes les mers

Complétez par **tout** *pronom indéfini, déterminant indéfini ou adverbe.*

1. L'histoire s'est passée le 4 juin 1996 à Kourou[3], en Guyane française[4].

2. C'est de là-bas que partent __________ les grandes fusées «Ariane», un projet auquel participent 12 pays européens. 3. Quelqu'un raconte __________ ce qu'il a vu ce soir-là à la télévision: «4. A Kourou, __________ le monde était dans la grande salle du centre de contrôle. 5. Ils attendaient __________ le grand moment depuis des heures: les ingénieurs, les ouvriers etc. 6. On les avait __________ invités à suivre en direct le départ du __________ nouveau modèle d'«Ariane». 7. Et ils étaient __________ venus pour la voir. 8. Oui, sa forme et sa construction étaient __________ modernes et elle était __________ belle. 9. Juste avant le départ, les équipes techniques étaient __________ heureuses parce qu'elles étaient sûres que __________ se passerait bien. 10. N'avaient-elles pas __________ bien travaillé pendant de longues années? 11. N'avaient-elles pas __________ fait pour que le __________ premier vol de la belle Européenne réussisse? 12. Quand la fusée est partie sans problème, les responsables étaient donc __________ fiers. 13. __________ se détendaient, se réjouissaient et s'embrassaient. 14. Mais trente-sept secondes après le départ, ce fut le choc: la fusée ne montait plus __________ droit dans le ciel, mais se retournait sur elle-même et aurait donc pu tomber sur des bâtiments ou des bateaux. 15. Les responsables ont tout de suite réagi en détruisant, grâce à l'ordinateur, la fusée __________ entière en vol. 16. C'est ainsi que __________ les espoirs d'un succès rapide se sont envolés.»

Ex. 3: 1 **une fusée** [ynfyze] eine Rakete – 2 **Ariane** [arijan] *weiblicher Vorname, hier: der Name eines Raketentyps*
3 **Kourou** [kuru] Kourou, *Stadt in Französisch-Guyana* – 4 **la Guyane française** [lagɥijan...] Französisch-Guyana, *französisches Übersee-Departement*

4 Le concert de rock *(§§ 31, 32)*

Déterminants	Pronoms
chaque...	chacun, chacune
(ne) aucun..., (ne) aucune...	(ne) aucun, (ne) aucune
quelques...	quelques-uns, quelques-unes
certains..., certaines...	certains, certaines
tout le..., toute la..., tous les etc.	tout, tous, toutes

Pendant les vacances d'été, les jeunes s'ennuient quelquefois dans les petites villes parce qu'il ne s'y passe presque rien qui pourrait les intéresser.
Cette fois, des étudiants avaient voulu faire quelque chose pour eux. Ils avaient décidé de préparer un grand concert de rock à la campagne, à la sortie de la ville. Un étudiant allemand qui participait à cette entreprise raconte:
Traduisez ce qu'il dit en français dans votre cahier.

«1. Seit einigen Monaten trafen wir uns jeden Abend, um Musik zu machen. 2. Alle, selbst die Freunde, die kein Instrument spielen, hatten geholfen, das Konzert zu organisieren. 3. Jeder war für etwas verantwortlich. 4. Einige hatten sich um den Getränke- und Sandwich-Stand gekümmert. 5. Gegen 18 Uhr war alles fast fertig. 6. Man hatte einige wichtige Persönlichkeiten der Stadt eingeladen. 7. Einige von ihnen hatten sogar ein wenig Geld gespendet (gegeben). 8. Alles klappte. 9. Es gab gar kein Problem. 10. Aber nun, einige Stunden vor dem Beginn des Konzerts, stellten wir plötzlich fest, dass es auf dem Gelände keine Elektrizität mehr gab. 11. Wir suchten nach Lösungen, aber es gab [so schnell] wirklich keine.»

5 Ecouter et comprendre:

Nouvelliste

La bête du val Ferret

Nouvelliste
ET FEUILLE D'AVIS DU VALAIS

CASAL, dessinateur dans le quotidien «Nouvelliste»

a *Ecoutez l'introduction[1] au texte et lisez en même temps ce qui suit:*
Le texte que vous allez entendre a été écrit d'après une histoire vraie qui s'est passée en Suisse, près du village La Fouly, dans le val Ferret.
Les personnages de ce texte sont:
- des paysans, dont André Clerc, Josette Clerc et Marcel, qui font l'élevage de moutons et de vaches,
- Tony, un garde-chasse[2] qui surveille la chasse aux animaux à l'état sauvage,
- Jean, un écologiste (on dit aussi un «écolo»), c'est-à-dire quelqu'un qui veut protéger la nature et qui trouve que la pollution de l'environnement est une chose très grave,
- des touristes et...
- un loup et des moutons que le loup a attaqués et qui sont blessés[3].

b *Lisez les questions suivantes, puis écoutez la première partie du texte. Répondez aux questions dans votre cahier.*
1. Pourquoi est-ce que Josette Clerc s'est levée à six heures du matin?
2. Qu'est-ce qui est arrivé aux moutons de Josette?
3. Que raconte le mari de Josette?
4. Qu'est-ce qu'ils décident de faire?

c *Lisez la question suivante, puis écoutez la deuxième partie du texte. Répondez dans votre cahier.*
Pourquoi est-ce que les touristes attendent Mme Clerc à la réception du camping?

d *Lisez la question suivante, puis écoutez la troisième partie du texte deux fois en prenant des notes. Répondez aux questions dans votre cahier.*
1. Quelle est, d'un côté, l'opinion de Jean et quelle est, de l'autre, l'opinion des autres personnages sur la question du loup?
2. Donnez votre avis sur ce problème.

e *Ecoutez la quatrième partie du texte, et résumez-la en quelques phrases dans votre cahier.*

Ex. 5: 1 **une introduction** [ynɛ̃trɔdyksjɔ̃] eine Einleitung – 2 **un garde-chasse** ein Wildhüter, ein Jagdaufseher
3 **blessé** [blese] verletzt, verwundet

6 Textes et activités

a Relisez la rubrique «Textes et activités» aux pages 6 et 7 de votre cahier. Lisez ensuite le texte «Défense d'entrer» de l'auteur suisse Anne-Lise Grotéby et balisez ce texte. Les mots expliqués vont vous aider à le comprendre.

DEFENSE D'ENTRER

Il était une fois.
Une maison.
Qui ressemblait à toutes ces petites maisons qu'on construisait à cette époque et qu'on appelait des villas. Puisque le but de la vie de nombreuses personnes était de pouvoir, au plus vite, enlever *leur* neige devant *leur* maison, la villa représentait un grand progrès social, sans donner de solutions à tous les problèmes.
Par exemple,
la villa familiale ne protégeait pas de la solitude. C'est pour cette raison, d'ailleurs, que les architectes les construisaient toutes proches les unes des autres, presque à se toucher – mais tout de même sur des terrains autonomes qui donnent une impression de si merveilleuse liberté.
Malgré les efforts des architectes, dès que les gens se trouvent seuls dans leur villa, ils recherchent fébrilement l'image des autres, tournant les boutons de leur télévision, sautant dans leur voiture pour aller en ville, se téléphonant ou courant à la fenêtre pour voir passer quelqu'un et observer la voisine pendre sa lessive sous un ciel gris.
Cette maison-là jouissait, pourtant, de deux privilèges par rapport à la grande flotille des villas de ce temps-là: elle était posée sur un terrain un peu plus grand que la moyenne et son jardin finissait au bord d'un lac.
Encore aujourd'hui, les gens sont comme ça: dès qu'ils ont quelque chose à eux, au lieu de se détendre et d'en profiter, ils se mettent à serrer les poings, prêts à frapper si quelqu'un essaie d'y toucher. Ils supportent très bien qu'on convoite ce qu'ils possèdent, mais pas qu'on y touche.
Il y a eu quelques discussions entre psychologues lorsqu'il s'est agi de classer dans l'une ou l'autre catégorie le sentiment qui naît quand quelqu'un voit un étranger poser le pied sur *son* gazon, *sa* propriété.
Vous avez tout fait, pendant des mois, pour surveiller avec la dernière énergie tout brin d'herbe suspect, vous vous êtes dépensés sans compter pour créer un gazon digne de votre confiance et de votre rang, lisse comme le dos d'un bébé chat. Et il faudrait supporter de voir n'importe quel imbécile vous marcher dessus avec ses chaussures sales, de tout son poids d'imbécile?
Le propriétaire de la maison et sa femme s'inquiétaient pendant des heures pour voir si, au moins, personne n'allait poser son pied à côté du chemin public qui traversait le fond de leur jardin, tout au bord du lac.
Les promeneurs passaient. Pas très nombreux. Il arrivait que l'un ou l'autre pose le pied sur le gazon parfait ou que leurs enfants fassent une petite course-poursuite sur la belle herbe du jardin.
Comme il se doit, n'y tenant plus, ils commandèrent avec fermeté un panneau (55 cm sur 40) où brillaient les mots «PROPRIETE PRIVEE», en lettres majuscules qu'ils plantèrent en terre avec la même solennité que s'il se fût agi d'un arbre, tout au bord du chemin public.
Pendant plusieurs jours, ils jouirent pleinement de la satisfaction de se trouver de ce côté-ci du panneau.

le progrès [ləprɔgrɛ] der Fortschritt
social [sɔsjal] gesellschaftlich
la solitude [lasɔlityd] die Einsamkeit
fébrilement [febrilmɑ̃] fieberhaft
la lessive [lalesiv] die saubere Wäsche
serrer les poings [sɛrelepwɛ̃] die Fäuste zusammenballen
convoiter [kɔ̃vwate] begehren
le gazon [ləgazɔ̃] der Rasen
une propriété [ynprɔprijete] *hier:* ein Grundstück
digne [diɲ] würdig
la confiance [lakɔ̃fjɑ̃s] das Vertrauen
lisse [lis] glatt
un imbécile [ɛ̃nɛ̃besil] ein Idiot
une course-poursuite [...pursɥit] Fangen spielen
privé [prive] privat
la solennité [lasɔlanite] die Feierlichkeit
jouir de qc [ʒuir] etw. genießen
la satisfaction [lasatisfaksjɔ̃] die Zufriedenheit

Mais, par quoi l'expliquer, un curieux sentiment vint bientôt déranger leur contentement. Le panneau était-il *assez* clair? Un spécialiste leur conseilla de le compléter par «Défense d'entrer» et leur fit parvenir ses honoraires par le prochain courrier. C'est ce qu'ils firent. «PROPRIETE PRIVEE – DEFENSE D'ENTRER» criaient les lettres de charbon. Ils le contemplaient par derrière, le relisant mentalement et machinalement, heureux d'être ce qu'ils étaient. Mais, bien que les choses écrites restent alors que les hommes passent, de nouveau ils eurent un doute... Un panneau n'oblige personne à le respecter. Il fallait être plus dur, donc. Il y avait longtemps qu'ils pensaient à cela. Mais ils n'avaient jamais rien entrepris. Car ils aimaient penser que le lac aussi leur appartenait. Pourtant, une nuit où son sommeil sautillait dans le jardin sans vouloir rentrer, il prit cette décision. Ils firent dresser une petite barrière tout autour de la maison, rejetant le sentier public et le lac de l'autre côté. C'était dur, mais plus sage. [...] C'est peut-être le moment de mettre quelque chose au point. Il ne faudrait pas croire que le propriétaire et sa femme avaient moins besoin que d'autres du contact avec les autres. Ils souffraient tout autant qu'ils étaient seuls. Mais ils souffraient *plus encore* de voir quelqu'un poser le pied sur *leur* gazon, sur *leur* propriété. Les psychologues sont divisés et sur l'origine et sur l'étiquette de cette souffrance. Elle n'en est pas moins réelle. [...]

Rien ne venait troubler cette harmonie. Le samedi et le dimanche, ils étaient dans leur jardin à besogner ou à regarder devant eux en souriant intérieurement. Rien, non décidément rien, ne venait troubler cette harmonie. [...] Plus tard, ils plantèrent une haie. [...] Pour voir le lac, il fallait maintenant monter au premier étage. Que dire du jour où ils achetèrent un chien? [...] Très fiers, ils purent ajouter sur le panneau «ATTENTION CHIEN MECHANT!» Mais le facteur, après avoir dû trois fois quitter ce terrain à toute vitesse, ne voulut plus venir porter le courrier, on le comprend. [...]

un sentiment [ɛ̃sɑ̃timɑ̃] ein Gefühl
clair [klɛr] klar
faire parvenir qc [...parvənir] etw. zuschicken
le courrier [ləkurje] die Post
Défense de... [defɑ̃s] ... verboten
contempler [kɔ̃tɑ̃ple] bewundern
relire qc mentalement [...mɑ̃talmɑ̃] sich etw. wieder vor Augen führen
machinalement [maʃinalmɑ̃] mechanisch
un doute [ɛ̃dut] ein Zweifel
le sommeil [ləsɔmɛj] der Schlaf
mettre les choses au point etw. klar stellen
la souffrance [lasufrɑ̃s] das Leid
troubler [truble] trüben
besogner [bəsɔɲe] hart arbeiten
une haie [ynɛ] eine Hecke

D'après: «Défense d'entrer», de Anne-Lise Grobéty

b *Faites un court résumé de ce texte dans votre cahier.*

c *Répondez aux questions suivantes dans votre cahier.*

1. A votre avis, pourquoi est-ce que ce texte commence par «Il était une fois.» comme une histoire pour enfants?
2. Comment comprenez-vous ceci: «...le but de nombreuses personnes était de pouvoir, au plus vite, enlever *leur* neige devant *leur* maison...» *(l. 5, 6)?*
3. Est-ce que les gens sont vraiment heureux quand ils ont leur propre villa? Pourquoi (pas)?
4. Pour quelles raisons est-ce que les gens aiment tant regarder la télévision, téléphoner, aller en ville ou regarder ce que font les voisins?
5. Quel est le vrai problème de ces gens et que leur conseilleriez-vous si on vous le demandait?

⟨**d** *Faites un collage pour illustrer la situation de ces personnes.* ⟩

⟨**e** *Mettez-vous à la place d'un des personnages de cette histoire et dites ce que vous pensez. Commencez comme ça:* «J'ai peur que...» *Ecrivez dans votre cahier.* ⟩

7 Auto-contrôle

solutions p. 72

7. 1 Le verbe «se taire» *(§ 29)*

Transformez les phrases et remplacez le verbe dire *par le verbe* se taire.

Exemple: Nous nous taisons
Nous ne disons rien.

1. S'il te demande quelque chose, il vaut mieux que ______________________ .
tu ne dises rien

2. A sa place, ______________________ , mais vous, pourquoi ______________________ ?
je ne dirais rien — ne dites-vous rien

3. S'il me pose des questions, ______________________ .
je ne dirai rien

4. ______________________ .
Elle n'a rien dit.

7. 2 Les pronoms possessifs *(§ 30)*

Complétez le texte. Employez les pronoms possessifs le mien, le tien *etc. ou les pronoms démonstratifs* celui, celle *etc.*

1. Emmanuelle rentre à la maison. Elle s'adresse à son petit frère:

Emmanuelle: Je ne veux plus que tu lises mes magazines. Lis un peu ______________________ . 2. Je sais bien que
tes magazines

tu manges en lisant ______________________ , et ça ne me plaît pas.
mes magazines

3. Deux minutes après, elle lui demande:

Emmanuelle: Ils sont à toi, ces CD?

Son petit frère: Non, ce sont ______________________ . 4. ______________________ sont mieux pour notre boum.
les CD de Céline — les CD de Céline

Dans sa chambre, elle voit une télécarte:

Emmanuelle: 5. C'est ta télécarte qui est sur mon bureau?

Son petit frère: Non, c'est ______________________ . 6. Il m'a prêté ______________________ parce que j'ai perdu
la télécarte de Marc — sa télécarte

______________________ . Et maintenant, laisse-moi tranquille!
ma télécarte

7. De nombreux clients disent à l'épicier: «Nous ne voulons pas de supermarché «Microprix» ici! On espère que vous allez garder votre magasin! On le préfère aux grands magasins. ______________________ est plus agréable.
votre magasin

8. Votre jambon est meilleur que ______________________ . Et puis,
le jambon des supermarchés

nous n'aimons pas les merguez des supermarchés «Microprix». 9. ______________________ sont bien plus fraîches
vos merguez

que ______________________ .»
leurs merguez

7. 3 Les déterminants et les pronoms indéfinis *(§ 31)*

Complétez le texte avec des déterminants indéfinis, des pronoms indéfinis ou avec l'adverbe tout.

1. Depuis neuf mois, il n'a pas plu au Mali[1]. L'herbe est ______________ jaune et le sable brûle sous les pieds. 2. ______________ le pays a soif. 3. Là où il y avait de l'eau, il n'y a plus que ______________ pierres. 4. ______________ puits n'a de l'eau. 5. ______________ matin, ______________ le village se lève très tôt. 6. ______________ sort de sa maison et va jusqu'à la place du village. 7. ______________ le monde s'assoit autour d'un grand arbre dont les feuilles sont mortes. 8. ______________ regardent le ciel. 9. ______________ voudrait être le premier à voir un nuage. Mais on ne voit que le ciel bleu. 10. ______________ ont marché pendant des journées entières pour chercher de l'eau – sans succès. 11. ______________ ont déjà quitté le village – peut-être pour toujours. 12. ______________ jours, le vieil Anisa[2] dit aux autres: 13. «Je ne vois ______________ nuage.» Il laisse tomber sa tête triste. La jeune Moumouna[3] ne dit rien. Elle voudrait tant pouvoir regarder le ciel pour être utile au village. 14. Mais ses yeux ne voient que ______________ ombres. Elle est aveugle[4]. Elle voudrait pouvoir crier: «J'ai vu un nuage!» 15. Mais elle n'en a vu ______________.

16. Une nuit, Moumouna se lève sans bruit et sort de la maison. Pour elle, minuit ou midi, c'est toujours la nuit. ______________ bruit. 17. ______________ seule, elle traverse ______________ le village et prend le petit chemin qui descend vers la rivière[5]. Elle marche sur les pierres, mais elle ne sent rien. 18. Au milieu de la rivière, elle s'arrête, elle se penche. Son visage est ______________ contre les pierres de la rivière. 19. Elle écoute la respiration de la terre. Et loin, là-bas, ______________ au fond, elle entend l'eau qui court, c'est comme une chanson d'oiseau.

D'après un extrait de «Moumouna»
de Jean Debruynne
© Bayard poche, 1993

7. 4 «Tout» déterminant indéfini, pronom indéfini et adverbe *(§§ 32, 33)*

Un élève raconte. *Complétez par les différentes formes de* tout.

«1. Hier, ______________ était calme dans la salle de permanence. 2. Tout à coup, une surveillante qui est d'habitude ______________ douce est arrivée ______________ énervée: "Vous n'avez pas entendu sonner? Il y a le feu au collège! 3. ______________ le monde doit sortir! 4. Oh! Les fenêtres sont ouvertes, fermez-les ______________ avant de sortir." 5. Alors, vite, nous sommes ______________ descendus dans la cour. 6. Bien sûr, nous étions ______________ contents qu'il se passe quelque chose d'exceptionnel. 7. ______________ étaient déjà dans la cour, quand un professeur a dit: 8. "C'était seulement un exercice. Nous vous remercions ______________! 9. Vous pouvez ______________ retourner à votre travail." C'est alors qu'on a entendu un grand «boum!» dans la salle de chimie…»

Ex. 7. 3: 1 **le Mali** [ləmali] Mali, *Staat in Afrika* – 2 **Anisa** [aniza] *männlicher Vorname* – 3 **Moumouna** [mumuna] *weiblicher Vorname* – 4 **aveugle** [avœgl] blind – 5 **la rivière** [larivjɛr] der Fluss

8 Révision solutions p. 72

8. 1 Les pronoms personnels et les déterminants possessifs *(Rév. 4, 5)*

Traduisez le texte suivant en français dans votre cahier.

Karima: 1. Da ist ihr Bruder. Für dieses Problem wende dich eher an ihn. Du musst es ihm sagen ...
Clément: 2. Glaubst du? Aber du bist auch eine seiner Freundinnen!
Karima: 3. Sag es ihm. Erzähle ihm (parler) von seiner Schwester und von ihrem Freund.
Sébastien: 4. Aber nein! Sag ihm nichts davon! Das ist nicht dein Problem!
Clément: 5. Vielleicht hast du Recht, ich werde es ihm nicht sagen.
Karima: 6. Meiner Meinung nach sollte das uns alle interessieren ...

Karima: 7. Hallo, Ludovic! Kann ich dich sprechen?
Ludovic: 8. Hallo, Karima! Aber ja, natürlich!
Karima: 9. Es handelt sich um deine Schwester und um ihren Freund Anthony ...
Ludovic: Anthony?
Karima: 10. Kennst du ihn nicht? Er spielt doch oft mit seiner Rockgruppe im «Blue Star». Ich mag ihre Musik nicht so sehr ...
Ludovic: 11. Ich auch nicht. Aber sag mir, warum magst du nicht, dass meine Schwester mit ihnen [zusammen] ist?
Karima: 12. Ich glaube, man muss ihr helfen. Wir haben deine Schwester und Anthony gesehen mit einem Dealer (un dealer). Er hat lange mit ihnen gesprochen.
Ludovic: 13. Oh nein, eine Drogensache (histoire)! Und [sie,] was haben sie gemacht? Haben sie was (en) genommen?
Karima: 14. Man muss sie (es) fragen ...

8. 2 Les déterminants démonstratifs et les pronoms démonstratifs *(Rév. 3)*

Après une boum, Mme Monnin, son fils Sébastien et quelques copains rangent l'appartement.
Complétez le texte.

1. – Dis, à qui sont ____________ lunettes? Elles ne sont pas à Mira?

   – Non, ce sont ____________ Nathalie.

2. – Antoine, tu n'as rien oublié? Il n'est pas à toi, ____________ saladier, par exemple?

   – Non, il n'est pas à moi.

   – Et ____________?

3. – A qui est ____________ immense plat?

   – C'est ____________ Hélène.

4. – Qui a apporté ____________ belle assiette? Nathalie?

   – Non, c'est ____________ Franck.

5. – Regarde, ____________ verres. Ils sont à nous, maman?

   – ____________, oui. Mais ____________, ce sont

   peut-être ____________ Karima a apportés.

– – ____________

6. – Et ____________ CD, pourquoi ils ne sont pas à leur place?

   – Ce sont ____________ je n'ai plus retrouvé la boîte[1].

Ex. 8. 2: 1 **une boîte** *hier:* eine Hülle

8. 3 Ne vous trompez pas en traduisant!

Pliez la partie droite de la page et complétez les phrases. Regardez ensuite les solutions. Corrigez les fautes et lisez les explications.

pliez ici/hier knicken

Solutions

was (?) — **ce qui, ce que, qu'est-ce qui, qu'est-ce que**

1. ______________ l'intéresse?
2. Je ne sais pas ______________ l'intéresse.
3. ______________ il a acheté?
4. Demande-lui ______________ il a acheté.

Dans une phrase interrogative directe, «was» se traduit par ***qu'est-ce qui*** (sujet) ou par ***qu'est-ce que*** (objet). Dans une phrase interrogative indirecte, «was» se traduit par ***ce qui*** (sujet) ou ***ce que*** (objet).

1 . Qu'est-ce qui; 2. ce qui; 3. Qu'est-ce qu'; 4. ce qu'

vor — **devant/avant**

5. Il nous attend ______________ la gare.
6. Ils sont arrivés ______________ midi.

devant (vor) indique[1] le lieu, ***avant*** (vor) indique le moment.

5. devant; 6. avant

(be)vor — **avant/avant que**

7. Il range toujours ______________ ses parents arrivent.
8. ______________ son départ, il a écrit quelques lettres.

avant que (bevor) est une **conjonction**. Elle introduit[2] une subordonnée; ***avant*** (vor) est une **préposition,** elle est suivie d'un substantif.

7. avant que; 8. Avant

wie — **comme/comment**

9. ______________ a-t-il réussi son examen?
10. Je ne sais pas ______________ il a fait, mais
11. il a travaillé ______________ un fou.

comment (wie) introduit une phrase interrogative directe ou indirecte, ***comme*** (wie) permet de comparer.

9. Comment; 10. comment; 11. comme

brauchen — **avoir besoin <u>*de*</u>** *Traduisez:*

12. Wir brauchen Ideen.

____

13. Er braucht dieses Buch.

____

14. Sie brauchen ein gutes Fahrrad.

____

Après ***avoir besoin*** (brauchen), la préposition «***de***» introduit le complément.

<u>allemand</u>	<u>français</u>
«*brauchen*» sans déterminant (Wir brauchen — Ideen)	→ «*avoir besoin de*» sans déterminant (Nous avons besoin d'— idées.)
«*brauchen*» + déterminant	→ «*avoir besoin de*» + déterminant

12. Nous avons besoin **<u>d'</u>idées.**
13. Il a besoin **<u>de ce</u> livre.**
14. Ils ont besoin **<u>d'un</u> bon vélo.**

können — **pouvoir/savoir**

15. Elle ne ______________ pas venir, on lui a volé son vélo.
16. Je ne ______________ pas prendre la voiture de mes parents
17. parce que je ne ______________ pas conduire.

pouvoir faire qc (etw. können) = être capable de faire qc
savoir faire qc (etw. können) = avoir appris à faire qc

15. peut; 16. peux; 17. sais

Ex. 8. 3: 1 **indiquer qc** [ɛ̃dike] etw. anzeigen – 2 **introduire qc** [ɛ̃trɔdɥir] etw. einleiten

⟨8. 4 Contrôle combiné: Les déterminants et les pronoms indéfinis, le passé simple (réceptif), le passif et les noms de pays, de langues et de nationalités (§§ 11, 17, 31)⟩

à gauche: une vue de Port-Louis, la capitale de l'île Maurice

a *Le texte que vous allez lire parle de l'île Maurice[1]. Regardez la carte, au début de votre livre. L'île Maurice se trouve dans l'Océan indien. Dites où elle se trouve par rapport à Madagascar et à l'île de la Réunion. Ecrivez dans votre cahier.*

b Avant de lire le texte, faites l'exercice suivant:

Les Hollandais sont les habitants de *la Hollande* ______. *Continuez.*

Les Portugais sont les habitants du ______.

Les Mauriciens sont les habitants de ______.

un Hollandais, une Hollandaise
[ɛ̃ɔlɑ̃dɛ, ynɔlɑ̃dɛz]
un Portugais, une Portugaise
[ɛ̃pɔrtygɛ, ynpɔrtygɛz]
un Mauricien, une Mauricienne
[ɛ̃mɔrisjɛ̃, ynmɔrisjɛn]

c *Complétez le texte, donnez les noms géographiques, les noms de langues ou des habitants d'un pays.* Ⓕ *peut par exemple être la France, le Français (la Française), le français, français(e). Ajoutez une préposition si nécessaire.*

EUR	l'Europe
Ⓕ	la France
GB	l'Angleterre

MS	l'île Maurice
NL	la Hollande
Ⓟ	le Portugal

1. *Quelques-uns/certains* ______ (einige/bestimmte) des pays francophones ont une histoire très intéressante. 2. Mais ______ (kein einziges) ne peut être comparée à l'île Maurice où F *le français* ______ n'arrête pas de gagner du terrain.

3. Au début du XVIe siècle, ______ (einige) Ⓟ ______ furent les premiers **EUR** ______ à mettre le pied sur cette île. 4. De 1598 à 1715, NL ______ occupèrent[2] le pays. Ils lui donnèrent le nom de leur stadhouder [3] Maurice de Nassau. 5. De 1715 à 1810, Ⓕ ______ en firent l'«Île de France» et l'on y parla Ⓕ ______ et un créole[4] franco-africain. 6. Ils avaient avec eux des esclaves[5] qui devaient travailler dans les champs. 7. De 1810 à 1968, GB ______ administrèrent l'ancienne colonie Ⓕ ______ et leur langue devint la langue officielle[5] sans s'imposer vraiment.

Ex. 8. 4: 1 **l'île Maurice** [...mɔris] Mauritius – 2 **occuper qc** [ɔkype] etw. besetzen – 3 **un stadhouder** [ɛ̃stadudɛr] *niederländisches Wort:* ein Statthalter – 4 **le créole** [ləkreɔl] das Kreolische, *Mischsprache, entstanden aus dem Zusammentreffen der Sprache der Einwanderer mit der Sprache der Einheimischen* – 5 **un esclave** [ɛ̃nɛsklav] ein Sklave – 6 **officiel** [ɔfisjɛl] offiziell

8. Depuis 1968, l'île est indépendante et

une autre vue de l'Ile Maurice

(GB) ____________________ y est seulement administratif. 9. On publie deux grands journaux en (F) ____________________, mais ____________________ (kein einziges) en (GB) ____________________. 10. Même chose pour la télévision. 11. Il y a seulement quelques émissions en (GB) ____________________ et ____________________ (einige) en hindi[7]. 12. Et pourtant, (F) ____________________ n'est en principe à Maurice qu'une langue qu'on enseigne à l'école. 13. Les élèves l'apprennent d'ailleurs très rapidement. (GB) ____________________ reste la langue officielle du Parlement[8]. 14. Il y a pourtant peu de gens qui ont (F) ____________________ ou (GB) ____________________ comme langue maternelle. 15. Lorsqu'ils arrivent à l'école, les petits (MS) ____________________ parlent le créole pour la plupart. 16. A l'école, ils appellent leur maîtresse[9] «miss», même pendant les cours de (F) ____________________. 17. Les cours sont en (GB) ____________________, et les livres, même ceux pour l'enseignement du (F) ____________________, viennent (GB) ____________________. 18. Dans la cour de récréation ou dans la rue, par contre, on n'entend ____________________ (kein einziges) mot (GB) ____________________.
19. Avant d'aller chez l'épicier, ____________________ (bestimmte) (MS) ____________________ font des listes comme on le fait partout dans le monde entier. 20. Mais eux, ils écrivent «apples» et qu'ils reliront «pommes» comme ça se prononce, parce que c'est ainsi qu'ils ont appris à l'écrire. (F) ____________________ est de plus en plus la langue de culture à l'île Maurice. 21. C'est elle qu'on écoute, qu'on lit et que ____________________ (bestimmte) écrivains ont choisie. 22. Mais qu'en sera-t-il dans ____________________ (einigen) années, lorsque les échanges économiques avec des pays de langue (GB) ____________________ se seront développés?

D'après l'article «Do you speak français?»
du numéro de © LIBERATION du 4 avril 1996

d *Répondez aux questions suivantes dans votre cahier:*

1. Quels sont les Européens qui ont occupé l'île? *(employez le passif)*
2. Pourquoi est-ce qu'on a appelé cette île «l'île Maurice?» *(employez le passif)*
3. Qu'est-ce qui s'est passé quand les Français sont arrivés sur cette île?
4. Qui a administré l'île de 1810 à 1968? *(employez le passif)*
5. Pourquoi peut-on dire que la langue anglaise ne s'est pas vraiment imposée?

Ex. 8. 4: 7 **l'hindi** [lindi] das Hindi, *eine indische Sprache* – 8 **le Parlement** [ləparləmɑ̃] das Parlament
9 **une maîtresse** (d'école) [ymɛtrɛs] eine Lehrerin (in der Grundschule)

5 Seuls à la maison

Juillet. Antoine est seul à la maison avec son frère Ludo. Leurs parents sont partis quelques jours. Antoine a trouvé un petit travail dans une entreprise. Ludo passe ses vacances dans l'appartement. Un soir, Antoine rentre tard à la maison et aimerait dîner. *Travaillez à deux. Faites les dialogues en français.*

Ludo A | B **Antoine**

Exemple:
Hallo! Sag mal, hast du etwas zum Essen gekauft?

(Salut! Dis donc, tu as acheté quelque chose à manger?)

(Salut! Dis donc, tu as acheté quelque chose à manger?)

1. Nein, ich habe nichts gekauft. Ich hatte keine Zeit.

(Non, je n'ai rien acheté. Je n'avais pas le temps.)

2. Dann haben wir (il y a) ein Problem: Wir haben kein Baguette, keinen Käse, keine Spaghetti und kein Mineralwasser mehr.

(Alors, il y a un problème: on n'a plus de baguette, plus de fromage, plus de spaghettis et plus d'eau minérale.)

3. Und du hast natürlich nichts vorbereitet. Was hast du den ganzen Tag gemacht? Hast du ferngesehen oder auf deinem Computer gespielt?

(Et toi, tu n'as rien préparé, bien sûr. Qu'est-ce que tu as fait toute la journée? Tu as regardé la télé ou tu as joué sur ton ordinateur?)

4. Ich habe weder ferngesehen noch auf dem Computer gespielt. Und ich habe auch nicht telefoniert: Ich habe niemanden angerufen und niemand hat mich angerufen.

(Je n'ai ni regardé la telé, ni joué sur l'ordinateur. Et je n'ai pas téléphoné non plus: je n'ai appelé personne et personne ne m'a appelé.)

5. Dann hinderte dich [doch] nichts daran, einkaufen zu gehen?

(Alors, rien ne t'empêchait d'aller faire les courses?)

6. Ich habe nichts machen können, weil ich den ganzen Nachmittag Englisch mit Sheila gelernt habe. Auf jeden Fall habe ich überhaupt keinen Hunger.

(Je n'ai rien pu faire parce que j'ai fait de l'anglais tout l'après-midi avec Sheila. De toute façon, je n'ai pas faim du tout.)

7. Sheila? Ah, ich weiß. Sie ist (c'est) dieser Papagei, der alles wiederholt, was er am Radio hört! Ich mag keine Papageien!

(Sheila? Ah, je sais. C'est ce perroquet qui répète tout ce qu'il entend à la radio! Je n'aime pas les perroquets!)

8. Überhaupt nicht. Sheila ist kein Papagei. Sie ist meine Freundin! Gut! Aber weder du noch ich wollen vor Huger sterben (mourir de faim)! Wie wäre es, wenn wir eine Pizza[1] bestellen würden?

(Pas du tout. Sheila n'est pas un perroquet, c'est ma copine. Bon! Mais ni toi ni moi ne voulons mourir de faim. Et si on commandait une pizza?)

Ex. 5: 1 **une pizza** [ynpidza] eine Pizza

8 Ça se dit comment en français?

Travaillez à deux. L'un de vous prend la partie A, l'autre la partie B. L'un pose une question en français en employant un verbe réflexif *(se)* ou «on» *(on)* et l'autre répond. Employez les verbes proposés. Vérifiez si la phrase de votre partenaire est correcte en regardant les solutions entre parenthèses.

(se) traduire — (s')écrire — (s')épeler — (s')employer — (se) faire — (s')acheter

A

Exemple:

Wo kauft man in Frankreich die Briefmarken? *(se)*

Où est-ce que les timbres s'achètent en France?

(Ils s'achètent à la poste et dans les cafés-tabacs.)

(Comment s'écrit le mot «exemple», avec un «e» ou avec un «a»?)

Réponse:

2. Wann wird das passé simple verwendet? Wenn man spricht, oder wenn man ein Buch schreibt? *(on)*

(Quand on écrit un livre.)

(Comment se traduit le mot allemand «Demonstration»?)

Réponse:

4. Mit welchem Akzent wird das Verb „empêcher" geschrieben? *(se)*

(Il s'écrit avec un accent circonflexe.)

(Comment s'épelle le mot français pour «aggressiv»?)

Réponse:

6. Eine Kirche im Badeanzug besichtigen, tut man das? *(se)*

(Non, ça ne se fait pas!)

B

(Où est-ce que les timbres s'achètent en France?)

Réponse: Ils s'achètent à la poste et dans les cafés-tabacs.

1. Wie wird das Wort «exemple» geschrieben, mit einem «e», oder mit einem «a»? *(se)*

(Avec un «e».)

(Quand est-ce qu'on emploie le passé simple? Quand on parle ou quand on écrit un livre?)

Réponse:

3. Wie wird das deutsche Wort „Demonstration" übersetzt? *(se)*

(Il se traduit par «manifestation».)

(Avec quel accent s'écrit le mot «empêcher» ?)

Réponse:

5. Wie wird das französische Wort für „aggressiv" buchstabiert? *(se)*

(Le mot français pour «aggressiv» s'épelle: «a-g-r-e-s-s-i-f».)

(Visiter une église en maillot, est-ce que ça se fait?)

Réponse:

ANNEXE

Le disque[1] à poèmes

Regardez bien les dessins de cette page et de la suivante et lisez les explications:

1. Fabriquez[2] des disques de tailles différentes avec du papier un peu dur et divisez chaque disque en quatre parties.
2. Mettez ces disques les uns dans les autres et accrochez[3]-les ensemble par leur milieu.
3. Lisez ensuite les poèmes de Jacques Prévert proposés.
4. Choisissez des vers[4] qui vous plaisent et écrivez-en un dans chaque quart de chaque disque.
5. Faites tourner[5] les disques jusqu'à ce que vous puissiez lire un poème qui vous plaît.
6. Ecrivez vos poèmes sur une grande feuille de papier que vous pouvez mettre au mur de votre classe.
7. Parlez ensemble de ces poèmes et dites pourquoi ils vous plaisent ou pourquoi ils ne vous plaisent pas.

POEMES DE JACQUES PREVERT

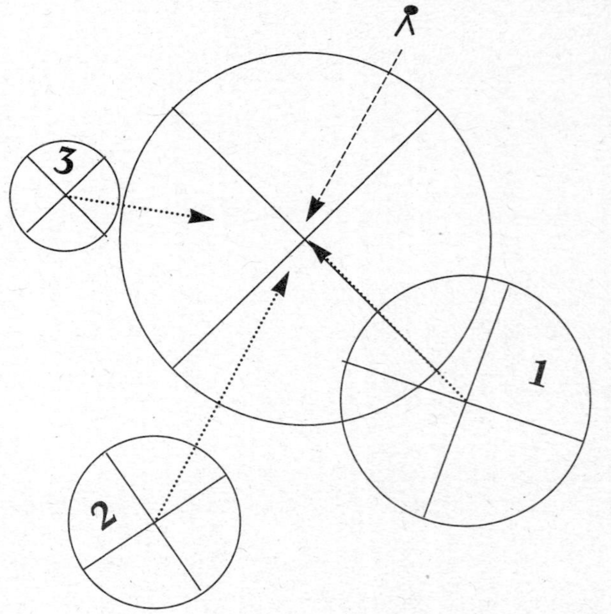

Je suis allé au marché aux oiseaux
Et j'ai acheté des oiseaux
Pour toi
mon amour
Je suis allé au marché aux fleurs
Et j'ai acheté des fleurs
Pour toi
mon amour
Je suis allé au marché à la ferraille[6]
Et j'ai acheté des chaînes[7]
Pour toi
mon amour
Et puis je suis allé aux marché aux esclaves[8]
Et je t'ai cherchée
Mais je ne t'ai pas trouvée
mon amour.

Des milliers et des milliers d'années
Ne sauraient[11] suffire
Pour dire
La petite seconde d'éternité[12]
Où tu m'as embrassé
Où je t'ai embrassée
Un matin dans la lumière de l'hiver
Au parc Montsouris[13] à Paris
A Paris
Sur la terre
La terre qui est un astre[14]

Trois allumettes[9] une à une allumées dans la nuit
La première pour voir ton visage tout entier
La seconde pour voir tes yeux
La dernière pour voir ta bouche
Et l'obscurité[10] tout entière pour me rappeler tout cela
en te serrant dans mes bras.

suite p. 67

1. **un disque** [ɛ̃disk] *hier:* eine Scheibe – 2 **fabriquer qc** [fabrike] etw. herstellen – 3 accrocher qc [akrɔʃe] *hier:* etw. heften, befestigen – 4 **un vers** [ɛ̃vɛr] ein Vers, eine Verszeile – 5 **faire tourner qc** *hier:* etw. drehen – 6 **la ferraille** [lafɛraj] Blechzeug 7 **une chaîne** [ynʃɛn] ein Kette – 8 **un esclave, une esclave** [...ɛsklav] ein Sklave, eine Sklavin – 9 **une allumette** [ynalymɛt] ein Streichholz – 10 **l'obscurité** [lɔbskyrite] die Finsternis – 11 **...ne sauraient suffire** *hier:* würden nicht ausreichen 12 **l'éternité** [letɛrnite] die Ewigkeit – 13 **le Parc Montsouris** [...mõsuri] *parc à Paris*– 14 **un astre** [ɛ̃nastr] ein Gestirn

Quel jour sommes-nous
Nous sommes tous les jours
Mon amie
Nous sommes toute la vie
Mon amour
Nous nous aimons et nous vivons
Nous vivons et nous nous aimons
Et nous ne savons pas ce que c'est que la vie
Et nous ne savons pas ce que c'est que le jour
Et nous ne savons pas ce que c'est que l'amour.

Immense et rouge
Au-dessus du Grand-Palais[15]
Le soleil d'hiver apparaît
Et disparaît
Comme lui mon cœur va disparaître
Et tout mon sang va s'en aller
S'en aller à ta recherche
Mon amour
Ma beauté[16]
Et te trouver
Là où tu es.

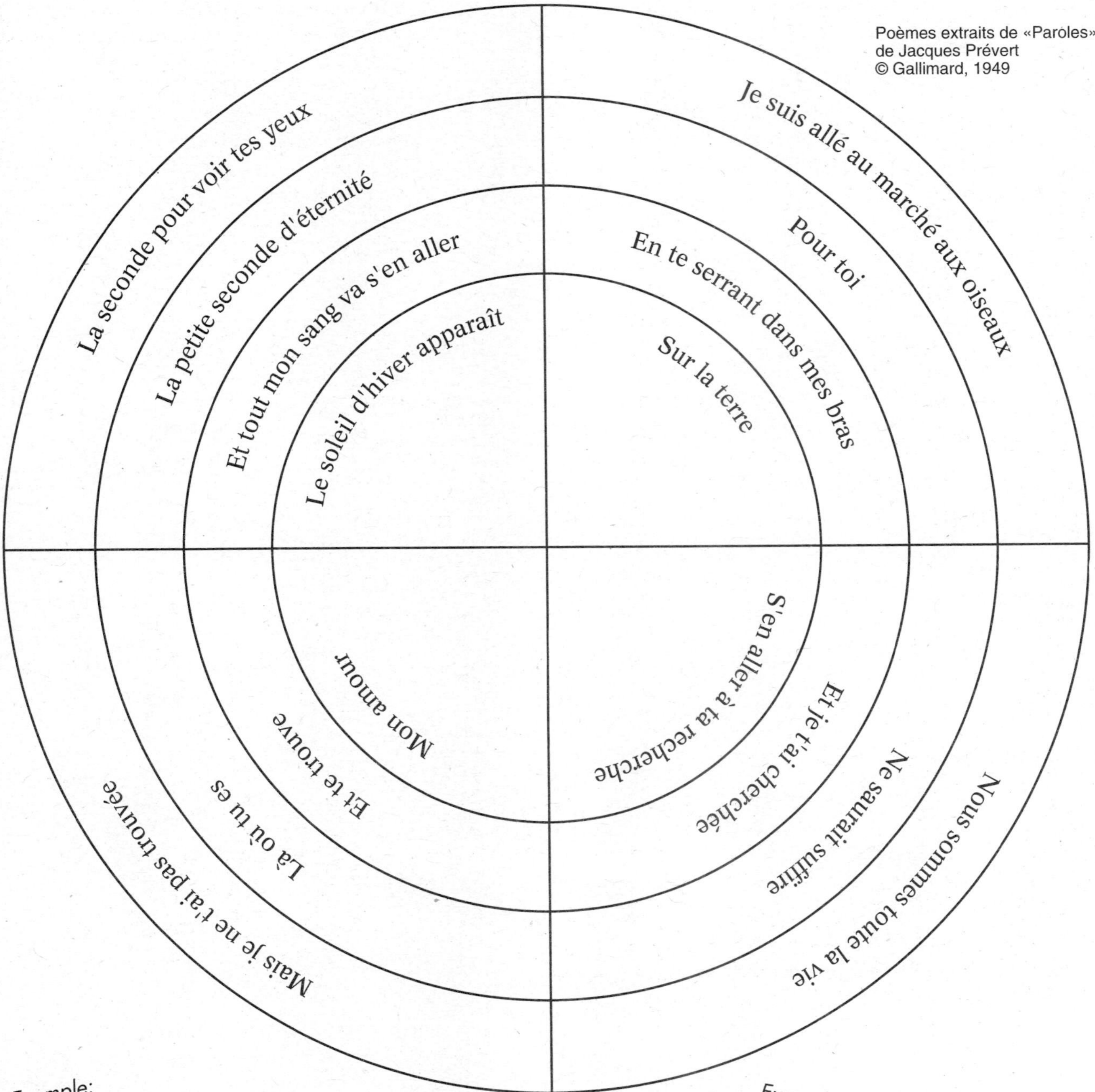

Exemple:

La seconde pour voir tes yeux
La petite seconde d'éternité
Et tout mon sang va s'en aller
Le soleil d'hiver apparaît

Exemple:

Je suis allé au marché aux oiseaux
Pour toi
En te serrant dans mes bras
Sur la terre

15 **le Grand-Palais** *Kulturzentrum in Paris* – 16 **la beauté** [labote] die Schönheit

ANNEXE

Découvrir le dictionnaire unilingue[1]

Vous pouvez lire cette page si vous avez terminé la leçon 1 de votre livre.

Vous avez déjà appris à employer le dictionnaire français-allemand et allemand-français.
Prenons maintenant le dictionnaire français unilingue et cherchons le mot «aimer». Quelles sont les informations que ce dictionnaire nous donne sur ce verbe?

Pour comprendre un texte:
- Lisez toutes les définitions[2] du mot.
- Si vous ne comprenez pas les définitions, lisez les exemples.

Pour écrire un texte:
- Ne faites pas de traduction mot à mot[3]. Regardez les exemples du dictionnaire unilingue.
- Employez les synonymes[4] et les antonymes[5].
- Faites attention: Réfléchissez bien si le texte doit être en français familier ou en français standard.

Dans cet article[6], on voit par exemple...

N° 1. ... qu'on peut trouver toutes les formes du verbe dans un tableau à la fin du dictionnaire,	N° 6. ... que ce verbe peut être un verbe pronominal[7],
N° 2. ... comment on prononce ce mot,	N° 7. ... que le complément de ce verbe peut être un infinitif,
N° 3. ... que le verbe «aimer» est un verbe transitif, (= qu'il a un complément d'objet direct),	N° 8. ... que certaines expressions avec ce mot peuvent appartenir au vocabulaire littéraire,
N° 4. ... que le complément de ce verbe peut être une personne,	N° 9. ... qu'il y a des synonymes de ce verbe,
N° 5. ... que le complément de ce verbe peut être une chose,	N° 10. ... qu'on trouve d'autres mots de la même famille dans le dictionnaire,
	N° 11. ... le contraire de ce verbe.

a *Complétez en mettant les numéros corrects.*

aimer [eme] v. tr. ▪ conjug. 1. **I. 1.** (Généralement avec un adv.) Éprouver de l'affection, de l'amitié*, de la tendresse, de la sympathie pour (qqn). *Un vieil ami que j'aime beaucoup.* / contr. **détester / 2.** Éprouver de l'amour*, de la passion pour (qqn). *Elle a aimé deux hommes dans sa vie.* **II. 1.** Avoir du goût pour (qqch.). ⇒ **goûter,** s'**intéresser** à. *Aimer la musique, le sport. Aimer la vitesse.* — Trouver bon au goût, être friand de. *Il aime beaucoup les fruits de mer.* **2.** (+ infinitif) Trouver agréable, être content de, se plaire à. *J'aimais sortir avec mon père.* — Littér. AIMER À. *J'aime à croire que,* je veux croire, espérer que. — AIMER QUE (+ subjonctif). *J'aimerais que vous me jouiez quelque chose,* je désire, je souhaite que. **3.** AIMER MIEUX : préférer. *J'aime mieux son premier livre. Il aime mieux jouer que travailler. J'aime mieux ne pas y penser.* **III.** S'AIMER v. pron. **1.** (Réfl.) Se plaire, se trouver bien. *Je ne m'aime pas dans cette robe.* **2.** (Récipr.) Être mutuellement attachés par l'affection, l'amour. *Nous nous aimons beaucoup, ma sœur et moi.* [...]
〈 ▶ aimable, ① aimant, bien-aimé, mal-aimé 〉

b *Traduisez les phrases suivantes dans votre cahier. Les exemples avec le verbe aimer donnés par le dictionnaire vont vous aider:*

1. Sie isst gerne Käse.
2. Er mag die Malerei sehr.
3. Sie liebt diesen Mann.
4. Sie gehen gerne mit ihrer Mutter spazieren.
5. Ich gefalle mir in dieser Hose nicht.

c *Dans les phrases suivantes, remplacez le verbe aimer par un synonyme. Ecrivez dans votre cahier.*

1. J'aimerais que vous me chantiez quelque chose.
2. J'aime mieux son dernier livre.
3. J'aime me promener.

1 **unilingue** [ynilɛ̃g] einsprachig – 2 **une définition** [yndefinisjõ] eine Definition – 3 **mot à mot** [motamo] Wort für Wort, wörtlich – 4 **un synonyme** [ɛ̃sinɔnim] ein Synonym, *ein Wort mit gleicher Bedeutung* – 5 **un antonyme** [ɛ̃nãtɔnim] ein Antonym, *ein Wort mit entgegengesetzter Bedeutung* – 6 **un article** *hier:* ein Wörterbucheintrag – 7 **un verbe pronominal** [...prɔnɔminal] ein reflexives Verb

Voici les solutions des exercices des parties «Auto-contrôle» et «Révision».

Leçon 1

9 Auto-contrôle *(p. 8)*

9. 1 L'interrogation complexe

1. Pourquoi les joueurs de son équipe ne veulent-ils rien dire?
2. Pourquoi sa femme n'a-t-elle toujours pas donné d'informations à la presse?
3. Pépin était-il vraiment tout seul dans sa voiture ce soir-là?
4. Où Pépin avait-il passé l'après-midi avant son accident?
5. Pépin avait-il bu de l'alcool?
6. Que faisait Pépin ce soir-là à cet endroit-là ?
7. Quelqu'un avait-il mis des comprimés dans la boisson de Pépin?
8. Pépin conduisait-il trop vite?
9. Quand Pépin devra-t-il une nouvelle fois répondre aux questions de la police?
10. Va-t-on reprendre le permis de conduire de Pépin?

9. 2 «ni... ni... ne», «ne... ni... ni», «personne... ne», «ne...personne», «rien ne» et «ne...rien»

1. Ni la commerçante ni les employés n'étaient là quand deux lapins ont disparu de la vitrine du magasin. Depuis ce jour, personne n'a vu les petits animaux.
2. Personne ne croit vraiment que c'est Jean-Luc qui a volé les lapins.
3. Rien ne montre qu'il les a peut-être volés, mais il y a des gens méchants qui disent que cet homme est bizarre.
4. Ni ses voisins ni les commerçants du quartier ne savent comment il vit.
5. Et on ne l'a jamais vu avec d'autres personnes, ni avec des parents, ni avec des amis.
6. Mais les petits animaux sont peut-être tout simplement sortis de la vitrine; rien ne nous empêche de le penser!

9. 3 Le gérondif

1. Papa et maman essayent de m'aider en m'achetant un ordinateur et en me payant tous les livres dont j'ai besoin.
2. (On ne peut pas transformer la phrase.)
3. D'une façon générale, il faut dire qu'en travaillant plus, j'aurais sûrement des meilleurs résultats.
4. Je devrais peut-être aussi écouter moins la radio en lisant des textes difficiles.
5. (On ne peut pas transformer la phrase.)

10 Révision *(p. 9-12)*

10. 1 L'interrogation directe

a 1. Est-ce qu'elle vient; 2. Vient-elle; 3. Est-ce que Mme Sorel vient; 4. Mme Sorel vient-elle; 5. Quand est-ce qu'il vient; 6. Quand vient-il; 7. Quand est-ce que M. Marceau vient; 8. Quand M. Marceau vient-il

b 1. Qui, Qui est-ce qui; 2. Qui est-ce que; 3. De qui, A qui

c 1. Qu'est-ce qui; 2. Qu'est-ce que, Qu'avez-vous; 3. De quoi, De quoi ont-ils

d 1. Qu'est-ce qui s'est passé?/Que s'est-il passé? 2. Qui est-ce que tu as rencontré/Qui as-tu rencontré? 3. Avec qui est-ce qu'elle sort?/Avec qui sort-elle? 4. Qui est-ce? 5. Qui est ce garçon? 6. Qu'est-ce qu'il fait?/Que fait-il? 7. Est-ce qu'il te plaît?/Te plaît-il? 8. De quoi est-ce que vous avez parlé?/De quoi avez-vous parlé? 9. A qui est-ce que tu as prêté ton CD?/A qui as-tu prêté ton CD? 10. A quoi est-ce que tu penses?/A quoi penses-tu? 11. Qu'est-ce que vous avez vu?/Qu'avez-vous vu?

10. 2 L'interrogation indirecte

a 1. qui; 2. qui; 3. avec qui, à qui

b 1. ce qui; 2. ce qu'; 3. contre quoi, de quoi

c Quand j'arrive, le matin, mes copains veulent souvent savoir... 1. ...comment je vais; ...pourquoi ils ne m'ont pas vu la veille; 3. ...où j'étais; 4. ...si j'irai (je viendrai) au cinéma avec eux.

10. 4 La proposition conditionnelle

1. vas, oublie; 2. dis, passerai; 3. buvait, mangeait, serais; 4. t'étais mieux occupée, ne serait jamais allé; 5. avais fait, n'aurait pas fait; 6. avait tout de suite mis, serait

10. 5 L'article, les expressions de la quantité

a de la (tarte), de l'(orangina), de l'(eau minérale); l'(orangina), l'(eau minérale), le (thé), la (tisane); le (café); la (limonade chaude)

b 1. peu d', beaucoup d'; 2. une bouteille de, kilo de, paquet de, un peu de; 3. assez de

10. 6 Contrôle combiné

1. rien n'; 2. le; 3. d', -, -, de, d'; 4. personne n', d'; 5. l'; 6. de, de; 7. de; 8. du; 9. n', ni, ni; 10. ni, ni, ne; 11. des; 12. personne ne; 13. d'; 14. de la; 15. de, en; 16. du, des, des, de la

Leçon 2

7 Auto-contrôle *(p. 18, 19)*

7. 1 L'emploi du subjonctif

1. prennes le train; 2. as mangé; 3. ce soit elle/Marie-José Pérec; 4. fasse beau/beau temps/soleil; 5. soit beau; 6. dort encore/est encore dans son lit/est encore en train de dormir/est encore en train de faire des beaux rêves; 7. soit ta/soit la bonne; 8. n'est pas; 9. conduises/roules

7. 2 Le subjonctif passé et le verbe «s'apercevoir»

1. s'aperçoit; 2. s'est souvenue; 3. soit née; 4. ait pas encore donné; 5. sache; 6. devenaient; 7. aient passé; 8. aient; 9. soit; 10. s'apercevront; 11. preniez

8 Révision (p. 20-22)

8. 1 Conjonctions, adverbes et prépositions

1. entre; 2. près de; 3. parce qu'; 4. Après que, contre; 5. Au lieu d'; 6. quoiqu', contre; 7. Depuis, pour; 8. de, de, de; 9. A cause du; 10. Donc, puisqu'; 11. sans; 12. aussi; 13. alors, en dehors de; 14. ni, ni, ne; 15. à, dans; 16. pour qu'; 17. quand même

8. 2 Les pronoms relatifs

a 1. C'est le poète dont tu connais le fils.
2. Voici le magasin à côté duquel j'ai laissé mon vélo.
3. Je cherche l'homme qui m'a prêté ce livre et que tu as vu partir.
4. Voici la maison dans laquelle/où j'ai longtemps vécu.
5. Il ne sait pas ce qu'il veut.
6. Nous n'avons pas vu ce qui s'est passé.

b 1. dont; que, où; 2. qui, avec qui; 3. où/dans lesquels; 4. qui; 5. Ce qui, que; 6. ce qu'; 7. lequel; 8. ce qu', dont; 9. à qui; 10. dont, Jean de Florette; 11. qui, Marcel Pagnol

8. 3 Contrôle combiné

1. puissent; 2. aient; 3. sont; 4. fasse; 5. donnait, feraient; 6. s'était mieux occupée, aurait pas eu, serait; 7. aient; 8. puissent; 9. soit; 10. sachent; 11. aient; 12. demande, aura; 13. aille; 14. aient; 15. fasse, sache

Leçon 3

11 Auto-contrôle (p. 30-32)

11. 1 Le passif

1. L'année passée, 80 Français ont été reçus.
2. A la réception, on parle français.
3. Les pièces du deuxième étage ne se visitent pas.
4. Les visiteurs sont priés de ne pas parler dans la chapelle.
5. Le dernier jour, tous les articles de la boutique seront vendus moins cher.
6. Pendant les repas franco-allemands, le soir, on organise des jeux.
7. Des promenades sur le Rhin sont organisées chaque jour par l'office du tourisme.
8. Ne jetez pas vos verres en plastique, ils seront recyclés.
9. Les rencontres pour l'année suivante se préparent toujours très tôt.

11. 2 le passé simple

b
- Comment! tu es tombé du ciel?
- Oui, fit le pilote modestement.
- Ah! ça c'est drôle...
Et le petit prince eut un très joli éclat de rire qui irrita beaucoup le pilote. Le pilote désire que l'on prenne ses malheurs au sérieux. Puis celui-ci ajouta:
- Alors, toi aussi tu viens du ciel! De quelle planète es-tu?
Le pilote entrevit aussitôt une lueur, dans le mystère de la présence du petit prince, et il interrogea brusquement:
– Tu viens donc d'une autre planète?
Mais le petit prince ne répondit pas. Il hochait la tête doucement tout en regardant l'avion (du pilote):
- C'est vrai que là-dessus, tu ne peux pas venir de bien loin...
Et le petit prince s'enfonça dans une rêverie qui dura longtemps.

11. 3 Adjectifs changeant de signification selon la place

1. Un grand bonjour; 2. La semaine dernière, notre ancien camarade; 3. ce garçon un peu fou, les choses propres; 4. un quartier cher; 5. un très bel appartement; 6. l'étudiant pauvre; 7. sa propre entreprise; 8. meubles anciens, un énorme succès; 9. ses dernières activités; 10. Son nouveau comptable, des dossiers importants; 11. Le pauvre homme

11. 4 Les verbes «fuir» et «s'en aller»

a 1. ont fui; 2. fuyiez; 3. fuirons; 4. fuyez; 5. fuient

b 2. Oft, wenn Sie/ihr Probleme haben/habt, hören Sie/hört ihr auf zu kämpfen, bevor Sie/ihr Lösungen gefunden haben/habt. Aber mir gefälllt es nicht, dass Sie/ihr den Schwierigkeiten ausweichen/ausweicht.
3. Wenn wir uns eines Tages in einer so kleinen Wohnung streiten, werden wir uns aus dem Wege gehen.
4. Liebe Freundin, ich freue mich immer so sehr, Sie zu sehen! Ich habe jedoch den Eindruck, dass Sie mich meiden/dass Sie mir aus dem Wege gehen.

c 1. Va-t'en; 2. s'en sont allés; 3. nous en allions; 4. nous en aller; t'en va

d Allez-vous-en

12 Révision (p. 33, 34)

12. 1. Adjectifs et adverbes; la place de l'adjectif

1. Le vieil homme avec la grande chemise rouge sur la photo, c'est notre ancien voisin. 2. Après avoir vécu longtemps tout seul, il s'est marié. 3. L'année dernière, lui et sa femme sont partis faire ensemble un très grand voyage surtout dans les/des pays pauvres. 4. Sur la photo, il a l'air d'(être) un petit homme ennuyeux, mais en réalité, c'est un vieux monsieur très sympathique qui a un très bon caractère et énormément d'humour. 5. Je n'ai jamais oublié certaines histoires.

12. 2 La place de l'adverbe dans la phrase

1. Hier soir, Hélène avait invité tous ses amis. 2. Le week-end, Hélène et ses amis organisent souvent des petites fêtes.
3. Cette fois, les parents d'Hélène lui avaient exceptionnellement permis de faire la fête dans leur cave. 4. La fête a duré très longtemps. 5. A 2 heures, les amis d'Hélène ont peu à peu commencé à ranger.

12. 3 Les degrés et la comparaison des adjectifs et des adverbes

1. moins de concerts; 2. plus de temps; 3. mieux que; 4. meilleure année; 5. aussi agréable; 6. autant de concerts que, le plus de calme possible; 7. aussi difficile que; 8. le plus souvent possible; 9. meilleures idées, 10. moins bien qu', moins bons

12. 4 Contrôle combiné

1. a ébauché, premier; 2. avait surtout construit ; 3. a dirigé; 4. ont alors été installées; 5. a été construite, était, haut; 6. soit, belle, soit admirée; 7. voulait/voulaient, fou; 8. avait, adoraient, décrivaient; 9. a été prise, célèbres; 10. a sauvé, aurait été détruite, n'avait pas décidé; 11. garde, l'ingénieur très compétent/l'ingénieur génial/l'excellent ingénieur/du génial ingénieur, a donné

UM 1

10 Auto-contrôle (p. 40-42)

10. 1 Formez des mots

masculin	féminin
un Allemand	une Allemande
un employeur	une employeuse
un peintre	(pas de forme féminine)
un adolescent	une adolescente
un copain	une copine
un champion	une championne
un bourgeois	une bourgeoise
un Autrichien	une Autrichienne
un Marseillais	une Marseillaise
un Africain	une Africaine
un policier	(pas de forme féminine)
un enseignant	une enseignante
un passager	une passagère
un partenaire	une partenaire
un cousin	une cousine
un avocat	une avocate

10. 2 Les verbes «(se) battre», «conquérir», «vaincre», «convaincre»

1. suis convaincu, conquerra, sera vaincue; 2. se battront, convaincront; 3. se battent; 4. conquièrent; 5. vainquent; 6. conquiert, convainc; 7. se batte; 8. convainque; 9. ont vaincu; 10. se sont tous battus, ont conquis

10. 3 «Lequel» pronom interrogatif

1. Lequel; 2. lesquelles; 3. Lesquels; 4. Laquelle; 5. Auxquelles; 6. Duquel

10. 4 Le participe présent

1. Quelle jeune fille ou quel jeune homme qui n'a pas peur des chiens et qui aime les enfants pourrait s'occuper de nos deux fils au mois d'août? S'adresser à...
2. Un étudiant qui sait l'allemand et l'anglais cherche un emploi dans un centre de vacances en Allemagne ou en Angleterre.
3. Deux garçons et deux filles déçus par les journaux qui s'adressent aux jeunes cherchent d'autres jeunes pour fonder un nouveau journal. Nous acceptons les jeunes qui n'ont pas d'expérience du métier de journaliste.

11 Révision (p. 42-44)

11. 1 Les temps du passé

1. vivais, passait; 2. m'étais mise, intéressait; avais interrompues; 3. savais; 4. nous étions/sommes renseignées; 5. était, allais partir, ai eu; 6. ai dû; 7. étaient parties; 8. me retrouvais; 9. ai commencé; 10. ai compris; 11. me suis mise; 12. ai décidé, se présentaient; 13. est devenue

11. 2 La concordance des temps dans le discours indirect

Elle m'a écrit qu'elle était passée ce soir parce qu'elle avait fini ses devoirs assez vite. Elle m'a demandé si je savais où tu étais. (Elle m'a dit que) hier, elle voulait te parler, mais (qu') à chaque fois qu'elle voulait te joindre, tu n'étais pas là. (Elle a écrit qu') aujourd'hui encore, elle t'avait cherché partout. Elle s'est demandé ce que tu faisais, ce qui s'était passé et pourquoi tu ne lui téléphonais pas.
Elle voulait savoir si je pourrais lui téléphoner quand j'aurais lu cette lettre. Elle m'a dit aussi que de toute façon, elle passerait demain chez moi pour me demander si je savais quelque chose.

11. 3 Les pronoms interrogatifs

1. Que; 2. A qui est-ce que; 3. Qu'est-ce qui; 4. A quoi est-ce que; 5. Qu'est-ce que; 6. Quoi; 7. Qui (est-ce qui); 8. Qui (est-ce que); 9. Laquelle; 10. Auxquels; 11. Duquel

11. 4 Contrôle combiné:

a 2. t'en; 3. qui raconte; 4. en faisant un rêve super; 5. qui permet de, se l'; 6. le lui; 8. leur en; 9. Comme il a trouvé; 10. qui ressemble; 11. qui parle; 14. l'y; 15. En les voyant, comme il ne veut pas; 16. qui paraît; 18. te la; 19. en écrivant; 20. lui en

b 2. Avant de t'en parler un peu, je voudrais te dire un grand merci pour ta dernière lettre!
10. Après être passé dans des rues qu'il n'a encore jamais vues, il arrive enfin devant une immense maison qui ressemble à un château.
12. Après avoir traversé de nombreuses pièces, ils arrivent dans le salon.
13. Après avoir un peu hésité, le garçon entre dans la grande pièce.

c 6. Comme ses parents ne veulent pas le lui offrir, il décide de travailler la nuit pour gagner de l'argent sans leur en parler.

UM 2

8 Auto-contrôle (p. 50)

8. 1 «Faire faire» et «laisser faire»

1. leur laisserez/leur laissez; 2. les faites; 3. les laissez; 4. les laissez, faites-leur; 5. faites-lui; 6. leur faites; 7. leur faire

8. 2 Le passé antérieur

b

2. Nachdem er sich allen zu seiner Zeit bekannten Spielen und Künsten gewidmet, nachdem er Gerichte aus allen Ländern gegessen, nachdem er alle Großen dieser Welt getroffen hatte, und nachdem er sehr reich geworden war, wurde er sehr traurig.
4. Nachdem er diese harte Wahrheit entdeckt hatte, ging der König (hinaus) und setzte sich in seinen Garten, den er seit (sehr) langer Zeit nicht mehr besucht hatte.
6. Sobald er dies entschieden hatte, brach der König in Tränen aus.
9. Nachdem er das Glück entdeckt hatte, begann der König, neue Blumen in seinem Garten zu pflanzen.

8. 3 l'impératif des verbes «avoir», «être», «savoir» et «vouloir»

1. soyez, ayez, Sachez, soyez, Veuillez; 2. soyons/(soyez), ayons (ayez); 3. sois, aie

9 Révision (p. 51)

9. 1 Les compléments du verbe

1. Une journaliste rend visite à un vieil acteur. 2. Elle lui demande s'il va bien et il lui répond qu'il n'a pas de problème(s). 3. Mais la journaliste ne le croit pas. 4. Elle sait qu'il (lui) ment. 5. Il ne veut pas que quelqu'un l'aide. 6. Personne ne lui rend visite et personne ne lui téléphone. 7. Les journalistes ne le suivent plus dans la rue et plus personne ne l'écoute. 8. Le public l'a applaudi pendant des années. 9. Il espérait pouvoir jouer encore quelques petits rôles dans des petits films, mais aujourd'hui, on le l'autorise même plus à apparaître dans des films pour la publicité.

9. 2 Contrôle combiné

1. à; 2. à, faire; 3. de, aussi longtemps que; 4. laisse, plus de; 5. le mieux possible, le moins souvent possible; 6. laisse; 7. fait, faire; 8. faire; 9. fait, à, de, mieux; 10. laisse; 11. aussi difficile qu'; 12. moins de difficultés, autant de problèmes; 13. Le plus dur; 14. Les meilleurs moments, à; 15. moins difficiles, plus agréables; 16. de, laisse

UM 3

7 Auto-contrôle (p. 58, 59)

7. 1 Le verbe «se taire»

1. tu te taises; 2. je me tairais, vous taisez-vous; 3. je me tairai; 4. Elle s'est tue

7. 2 Les pronoms possessifs

1. les tiens; 2. les miens; 3. ceux de Céline; 4. Les siens; 5. celle de Marc; 6. la sienne, la mienne; 7. Le vôtre; 8. celui des supermarchés; 9. Les vôtres, les leurs

7. 3 Les déterminants et les pronoms indéfinis

1. toute; 2. Tout; 3. quelques; 4. Aucun; 5. Chaque, tout; 6. Chacun; 7. Tout; 8. Tous; 9. Chacun; 10. Certains/quelques-uns; 11. Quelques-uns/certains; 12. certains; 13. aucun; 14. quelques; 15. aucun; 16. Aucun; 17. Toute, tout; 18. tout; 19. tout

7. 4 «Tout» déterminant indéfini, pronom indéfini et adverbe

1. tout; 2. toute, tout; 3. Tout; 4. toutes; 5. tous; 6. tout; 7. Tous; 8. tous, 9. tous

8 Révision (p. 60-63)

8. 1 Les pronoms personnels et les déterminants possessifs

Karima: 1. Voilà son frère. Adresse-toi plutôt à lui pour ce problème. Il faut que tu le lui dises.
Clément: 2. Tu crois? Mais toi, tu es aussi une de ses amies!
Karima: 3. Dis-le-lui. Parle-lui de sa sœur et de son ami/l'ami de sa sœur.
Sébastien: 4. Mais non! Ne lui en parle pas! Ce n'est pas ton problème!
Clément: 5. Tu as peut-être raison, je ne le lui dirai pas.
Karima: 6. A mon avis, cela devrait tous nous intéresser...

Karima: 7. Salut, Ludovic! Est-ce que je peux te parler?
Ludovic: 8. Salut, Karima! Mais oui, bien sûr!
Karima: 9. Il s'agit de ta sœur et de son ami Anthony...
Ludovic: Anthony?
Karima: 10. Tu ne le connais pas? Mais il joue souvent avec son groupe de rock au «Blue Star». Je n'aime pas trop leur musique...
Ludovic: 11. Moi non plus. Mais dis-moi, pourquoi est-ce que tu n'aimes pas que ma sœur soit avec eux?
Karima: 12. Je crois qu'il faut l'aider. Nous avons vu ta sœur et Anthony avec un dealer. Il a parlé longtemps avec eux.
Ludovic: 13. Oh non, une histoire de drogue! Et eux, qu'est-ce qu'ils ont fait? Est-ce qu'ils en ont pris?
Karima: 14. Il faut le leur demander...

8. 2 Les déterminants démonstratifs et les pronoms démonstratifs

1. ces; celles de; 2. ce, celui-ci; 3. cet, celui d'; 4. cette, celle de; 5. ces, ceux-ci, ceux-là, ceux que; 6. ces, ceux dont

8. 4 Contrôle combiné

a L'île Maurice se trouve à l'est de Madagascar et de l'île de la Réunion.

b Portugal; l'île Maurice

c 2. aucun; 3. quelques, Portugais, Européens; 4. les Hollandais; 5. les Français, le français; 7. les Anglais, française; 8. l'anglais; 9. français, aucun, anglais; 11. anglais, quelques-unes; 12. le français; 13. L'anglais; 14. le français, l'anglais; 15. Mauriciens; 16. français; 17. anglais, français, d'Angleterre; 18. aucun, d'anglais; 29. certains, Mauriciens; 20. Le français; 21. certains, 22. quelques, anglaise

d 1. L'île a été occupée par les Portugais, les Hollandais, les Français et les Anglais.
2. Cette île a été appelée l'«île Maurice» parce que les Hollandais lui ont donné le nom de leur stadhouder Maurice de Naussau.
3. Quand les Français sont arrivés sur cette île, ils lui ont donné le nom d'«Île de France» et on s'est mis à y parler le français et un créole.
4. De 1810 à 1968, l'île a été administrée par les Anglais.
5. Parce qu'elle n'est que la langue administrative, la langue officielle du Parlement. Il n'y a aucun journal en anglais et à la télévision, peu d'émissions sont dans cette langue. Et puis dans la vie de tous les jours, les Mauriciens ne parlent pas l'anglais.